LA EUROPA NEONAZI

El renacimiento de las botas
en el Viejo Continente

Doménico Mantuano

LA EUROPA NEONAZI

El renacimiento de las botas
en el Viejo Continente

CONJURAS

 L.D. Books

La Europa neonazi
© Doménico Mantuano, 2013

 **L.D. Books**

D. R. © Editorial Lectorum, S. A. de C. V., 2013
Batalla de Casa Blanca Manzana 147 A Lote 1621
Col. Leyes de Reforma, 3a. Sección
C. P. 09310, México, D. F.
Tel. 5581 3202
www.lectorum.com.mx
ventas@lectorum.com.mx

L. D. Books, Inc.
Miami, Florida
ldbooks@ldbooks.com

Primera edición: octubre de 2013
ISBN: 978-1494937485

Colección **CONJURAS**

D. R. © Portada e interiores: Mariel Mambretti

Impreso y encuadernado en México.
Printed and bound in Mexico.

Introducción

Si bien es cierto que ya desde finales de los años 80 del pasado siglo, los partidos ultranacionalistas, fascistas o neonazis comenzaron a hacer pie en muchos países de Europa, la tendencia empezó a evidenciarse como dos décadas después. En 2009, en quince de los veintisiete estados que integran la Unión Europea, la ultraderecha ocupaba bancas en el parlamento. Hoy, en Hungría y Austria esta orientación tiene un peso determinante en la política local (el Fidesz, no olvidemos, detenta el gobierno húngaro).

Un fenómeno de tal naturaleza no es posible de ser explicado sólo mencionando los evidentes motivos que hacen que se produzca. Entre otras causas suelen citarse el desprestigio de los partidos políticos tradicionales, el fracaso de las administraciones socialdemócratas, el inadecuado manejo de la política inmigratoria o el soporte mediático de los postulados ultranacionalistas. Está bien; pero ellos pueden ser sólo algunos de los motivos del renacimiento de la extrema derecha.

Lo que sí es innegable es que la crisis económica que se abate sobre la mayoría de esos países desde el año 2008 ha funcionado como un potente disparador, al menos, de la dura xenofobia que parece haberse generalizado entre los europeos.

Pero si la creciente representatividad de la ultraderecha es en sí misma una noticia alarmante, no menos inquietante es la influencia que las posturas de estos partidos ejercen sobre los diferentes gobiernos. Desde el socialista francés hasta los conservadores español y británico procuran calmar el vocerío neonazi adoptando políticas inmigratorias restrictivas o negándoles a los inmigrantes servicios sociales o papeles de residencia.

En marzo de 2013, por ejemplo, Miquel Ramos, periodista del español periódico *Diagonal*, escribía:

"'Vamos a hacer jabón con los inmigrantes y a volver a abrir los hornos', afirmaba sonriente un representante del partido nazi griego Amanecer Dorado ante las cámaras del canal británico Channel 4. Una de tantas soflamas incendiarias que cada semana lanzan los miembros de este partido que ya es la tercera fuerza en las encuestas de intención de voto en Grecia (12%) [...] Ilias Panagiotaros, uno de los miembros del partido, ya dijo en un mitin en Atenas que si ganaban las elecciones al Parlamento griego 'haremos redadas en los hospitales y guarderías y echaremos a los inmigrantes y a sus hijos a la calle'. Pero no les ha hecho falta ganar para imponer su ley. Esa misma semana empezaron las cacerías también dentro de los hospitales".

Sobrecogedor, sin dudas, e inesperado hace unos años.

Sin embargo, es muy difícil creer que Sarkozy, es su momento, y Hollande, después, por ejemplo, hayan creído que es la "inmigración descontrolada" la causante del aumento en el índice de desempleo o del creciente empobrecimiento de la población. Ningún dirigente serio de Europa ignora que la crisis deriva de la política económica y no de la política inmigratoria. Por el contrario, la bonanza económica vivida por España en los años 90, por ejemplo, sí fue fruto, en buena medida, de la mano de obra barata que ofrecían los inmigrantes.

He aquí, entonces, que la hipocresía oficial, utilizada en especulaciones de corto plazo, obra en favor del fortalecimiento de estos nada pacíficos movimientos.

Es cierto también que el miedo que produce en una sociedad un futuro incierto como el que hoy vive Europa suele canalizar opciones extremas que prometen soluciones mágicas y supuestas verdades incomprobables. Por esto, más que la propia capacidad de resurgimiento de los ultranacionalismos, lo que verdaderamente parece empujar a Europa hacia una violenta vuelta al pasado anida en la incapacidad que, hasta hoy, han exhibido los diferentes gobiernos para modificar las premisas básicas de un modelo económico que los ha arrastrado hacia una larga y dolorosa crisis.

Una caída libre, que nadie parece dispuesto a detener, día a día destruye riqueza y esperanzas. Y ante este estado de cosas, surgen preguntas tan urgentes como angustiantes.

¿Renacerá el más llano nazismo en algunos países europeos? ¿Persistirá en las sociedades el descreimiento en la capacidad de los partidos políticos tradicionales?

¿No habrá gobernante alguno que racionalmente pueda devolverles una vida normal a sus ciudadanos?

¿Habrá sido vana la enseñanza de la Historia?

¿El dolor y los millones de muertos dejados por las prédicas fascistas se habrán diluido en un periodo tan corto?

No es fácil contestar estas preguntas por el momento.

Pero a riesgo de ser tomado por oscuro agorero, sí vale analizar los síntomas preocupantes que presenta este enfermo.

En un mundo tan relacionado internamente como el de hoy, el estornudo en un continente puede anunciar el resfrío en otro aparentemente distante. De allí la necesidad de estar atentos a lo que ocurre en cualquier punto del planeta, pues si las botas ya resuenan allende los mares, no pasará mucho tiempo para que las oigamos en nuestra propia vecindad.

Y si no vale presagiar que en este huevo ya se ven las escamas de la serpiente, sí vale advertir que la deriva que se ha venido produciendo en los últimos años en la cansada y hoy infeliz Europa no autoriza respuestas esperanzadoras.

De allí la justificación de estas líneas.

Capítulo 1

La Historia, ese espejo roto

> "Quizás la más grande y mejor lección de la historia
> es que nadie aprendió las lecciones de la historia."
>
> Adolf Hitler

La famosa frase de Hitler arriba citada, paradójicamente, podría resumir la actual actitud de millones de europeos, que parecen querer ir a buscar harina a un molino ya roto e incendiado. Lo vivido poco menos de un siglo atrás resulta así perdido en medio de un vendaval del que sólo asoman los vértices de una crisis descomunal. Los cantos de sirena de partidos y líderes furibundos cobran entonces patente de mesiánicas verdades. Pero ¿que verían los europeos si mirasen ese espejo que parecen haber trizado?

Esas rehuidas imágenes serán las que trataremos de reconstruir en este capítulo.

El fruto de la humillación

El 28 y el 29 de octubre de 1929, la euforia de los especuladores financieros estadounidenses se estrelló contra la primera y gigantesca piedra de una crisis que se venía gestando silenciosamente desde hacía muchos meses antes. En aquellos dos días que marcaban el comienzo de la semana laborable ("lunes y martes negros", se los llamó), el valor de las acciones se derrumbó como un castillo de naipes, precipitando un colapso económico que se extendería vertiginosamente a lo largo y a lo ancho del mundo.

Sólo en Estados Unidos, y en el lapso de apenas tres días, cien mil trabajadores perdieron su empleo, convirtiéndose, de hecho, en el primer batallón del gigantesco ejército de desocupados que habría de acompañar a la Gran Depresión.

El *crac* no era fortuito y su génesis podía rastrearse en el mismo final de la Primera Guerra Mundial y más nítidamente al concluir los tratados de Versalles. Los países europeos que habían participado en la contienda salían de ella abrumados por gigantescas deudas públicas, que procuraron paliar imponiéndoles a los perdedores reparaciones económicas que eran, a todas luces, imposibles de cumplir. Sólo a Alemania se le exigió la astronómica cifra de ciento treinta y dos mil millones de marcos oro, algo así como el pago anual de 6% de su Producto Interno Bruto.

Pero la larga guerra europea también había sido beneficiosa para algunos de los principales países del mundo. Estados Unidos y Japón, que no habían sufrido el desgaste bélico, se convirtieron en los nuevos ricos de la comunidad internacional en razón de, fundamentalmente, la apropiación de mercados que antes de la guerra habían sido monopolizados por Europa. Washington, además, concentraba la mayor cantidad de divisas que circulaban por el mundo y ostentaba la cualidad de regente del patrón oro como medida de comercio internacional. Era, en suma, el prestamista de última instancia.

Alemania, compelida a afrontar una reparación económica leonina, se había convertido en el país que más dependía del crédito estadounidense para hacer funcionar, aunque fuera precariamente, su maltrecha economía. Pero cuando en 1929, el *crac* economicofinanciero pegó de lleno en Estados Unidos, los préstamos estadounidenses a Alemania se redujeron de manera sustantiva, poniendo a la economía germana al borde del colapso, o ya dentro de él.

Los altos niveles de desocupación y pobreza, el derrumbe del sistema bancario y un posterior estallido hiperinflacionario construyeron el escenario en que había de actuar durante los siguientes años la Alemania de la posguerra.

En 1919, en Munich, un obrero ferroviario, Anton Drexler, había fundado el Partido Alemán de los Trabajadores, que lejos de alzar las banderas del comunismo se definía como nacionalista, popular y racista.

En septiembre de ese año (el partido se había fundado en enero), un joven cabo del Servicio de Inteligencia del Ejército fue asignado a la tarea de espiar las actividades de la organización fundada por Drexler. Se llamaba Adolf Hitler, y en la noche del 16 de septiembre en la cervecería Stemeckerbrau participó de su primera reunión en el novel partido. Entonces sucedió lo inesperado: su fogosa intervención en contra de la propuesta de que Baviera se separara de Alemania le valió el reconocimiento de Drexler y la invitación a que se afiliara de inmediato. Cinco meses más tarde y ya en su condición de jefe de Propaganda, Hitler, en coautoría con Drexler, habría de redactar un programa político de veinticinco puntos. Éste fue presentado ante dos mil militantes, y se cambió el nombre de la agrupación a Partido Nacional Socialista Obrero Alemán (o NSDAP, por sus siglas en alemán).

Sintéticamente, y en función del programa elaborado por Hitler y Drexler, el Partido se proclamaba nacionalista, tradicionalista, pangermánico, anticomunista, racista, antisemita, homofóbico, antiliberal y antiparlamentario.

En 1923, aquella otrora pequeña célula fundada por el trabajador ferroviario contaba ya con cinco mil afiliados activos, y Adolf Hitler se había convertido en el principal dirigente. Su encendida oratoria despertaba admiración y esperanzas. La firmeza de sus convicciones lo catapultaba, casi sin reparos, a un sitial de providencial conductor.

Antes de eso, el pequeño cabo había propuesto (y logrado que se aprobara) la formación de un grupo paramilitar al que se lo bautizaría con el nombre de Sturmabteilung, algo así como "Fuerzas de Asalto". Serían las temibles SS que lo acompañarían a lo largo de todo su mandato y su aventura bélica.

Con ellas y con la fanática militancia del Partido, Hitler pergeñaba un golpe de Estado contra la República de Weimar.

Y así ocurrió. El 8 de noviembre de 1923, en Munich, se produjo lo que se conoció como el Putsch de Múnich, hecho que tuvo en vilo a la ciudad durante veinticuatro horas y acabó con Hitler, Rudolf Hess y otros dirigentes nazis tras las rejas.

La intentona podía no haber sido más que una aventura demencial, si no fuera por el hecho de que muy pronto recibió el respaldo de centenares de alemanes. Muchos salieron de sus casas en apoyo a los golpistas, incluso sin ser ninguno de ellos adherente al NSDAP.

El dato no era menor, aunque fuera insuficientemente valorado por los socialdemócratas en el poder. La humillación inferida a Alemania por el Tratado de Versalles, sumada a las pésimas condiciones de vida que debía soportar la población debido a la leonina reparación económica impuesta por los países vencedores, había preparado un escenario social en el que la prédica nazi encontraba terreno fértil.

Y aquello recién comenzaba.

La construcción ideológica

Al terminar la primera década del siglo XX, la aparición y el posterior crecimiento de Adolf Hitler y el partido nazi en Alemania respondían, claro, a una encerrona que la sociedad germana percibía como terminal, al menos en cuanto al marco económico y a las condiciones de vida entonces imperantes. Pero, además, se debía a un cierto proceso de "revolución" cultural e ideológico que había dado inicio en el tramo final de la Primera Guerra Mundial.

Tras una conflagración que se había llevado consigo millones de vidas humanas, recursos naturales y riqueza, parecía obvio que Occidente ya no quisiera sostener los valores que habían imperado desde el triunfo cultural de los iluministas.

Esa sensación de escepticismo y desánimo no tardó en encontrar a un pensador que la pusiera en palabras. En 1918, Oswald Spengler publicó *La decadencia de Occidente*, una obra que el filósofo e historiador alemán completaría cinco años más tarde con un segundo volumen titulado *Perspectivas de la historia mundial*.

Básicamente, el trabajo de Spengler sostenía que la historia de la humanidad estaba vinculada con el desarrollo de diferentes culturas que, evolucionando de modo independiente unas de otras, recorrían lo que para el ser humano es el ciclo vital.

El pensador germano hablaba de cuatro etapas en la "vida" de las distintas culturas: Juventud, Crecimiento, Florecimiento y Decadencia. La cultura occidental, a su juicio, transitaba ya la última etapa vital, se preparaba para morir y debía nacer otra que ocupase su sitio.

Sin dudas, uno de los mayores méritos del trabajo de Spengler fue el de sintetizar una serie de teorías que ya venían circulando desde los primeros años del siglo XX y que hallaron en la obra del filósofo alemán un preciso formato culturalideológico. Ya en 1891, el geógrafo alemán Friedrich Ratzel había dado a conocer *Antropogeografía* y, seis años más tarde, *Geografía política*. Ratzel, profundamente influido por la biología evolucionista, ponía sobre la mesa dos conceptos que fungirían como plataforma programática del nazismo alemán.

El más importante de ambos era el del "espacio vital", el Lebensraum, según el cual todo Estado joven y pujante necesitaba espacio para desarrollarse más allá de los rígidos límites de sus fronteras nacionales. Debía aspirar a una suerte de imperialismo que le permitiese sobrevivir y hacer prevalecer su pujanza y los "derechos" de su población por sobre los de otros pueblos.

El segundo de esos conceptos se relacionaba con el funcionamiento y la vida de los Estados. Al igual que cualquier ser vivo, según afirmaba Ratzel, el Estado está compuesto por diversos órganos que cumplen funciones diferentes y, como cualquier ser vivo, nace, madura y muere.

O sea que, ya antes de que concluyera el siglo XIX, un pensador alemán instalaba un visión que ponía en entredicho buena parte de la esencia cultural y política de Occidente. En consecuencia:

a. No había modelo de Estados permanentes.

b. Ocupar por la fuerza otros territorios no debía ser entendido como una agresión. Se trataba, simplemente, de leyes naturales.

La tierra para la "guerra relámpago" se estaba abonando.

El tercer elemento

Pero había más material para que el arsenal ideológico del nazismo tuviese sustancia, aunque en su marcha debiera forzar algunas definiciones.

El francés Joseph Arthur de Gobineau brilló a mediados del siglo XIX y repartió su actividad pública entre la diplomacia y la filosofía. En este último rubro, el pensador galo dedicó parte de su vida al estudio comparado de las "razas" de Europa, Asia y África, tratando de evidenciar y clasificar la superioridad de unas sobre otras, a partir de un conjunto de elementos; entre ellos, sus hábitos de vida y los patrones de consumo alimentario. Entre 1853 y 1855, Gobineau completó lo que sería su obra capital, *Ensayo sobre la desigualdad de las razas humanas*, donde proclamaba la superioridad aria, la raza de los germanos, que podía hallarse en estado puro en el norte de Francia y Bélgica, en Gran Bretaña y, por supuesto, en Alemania, excepto en el sur de este país, que había sufrido un mestizaje similar al padecido por Italia y España, por ejemplo.

La voluminosa obra de Gobineau, compuesta por seis libros, llega a la conclusión de que la consabida y ya aceptada muerte de las diferentes civilizaciones depende casi exclusivamente del factor étnico, y que sólo la raza blanca originada en la raza aria (un pueblo prehistórico que dio origen a todos los pueblos indoeuropeos) es capaz de evitar una nueva muerte civilizatoria, en la medida en que pueda conducir los destinos de la Humanidad.

Muy influido por las diferentes teorías que circulaban en Europa a mediados del siglo XIX respecto de la superioridad de aquellos arios que habrían vivido en la antigua Alemania y en Escandinavia, el francés recoge el supuesto de que en esos tiempos, y en las tierras de los privilegiados arios, se habría instalado el pueblo semítico. Y éste, con su presencia, desde entonces amenazaba lingüística y culturalmente la evolución y el desarrollo incluso de los descendidos arios.

No parece probable que Joseph de Gobineau haya profesado el antisemitismo. El suyo es un trabajo académico construido sobre la presunción del factor étnico como determinante en la evolución civilizatoria de la humanidad.

Adriano Romualdi, un intelectual de la ultraderecha italiana, dice en un laudatorio artículo sobre la obra de Gobineau:

"Si comparamos entre sí a las tres grandes familias raciales del mundo, la superioridad del ario nos aparecerá evidente. El negro de frente huidiza lleva en el cráneo 'los índices de energía groseramente potentes. Si sus facultades intelectuales son mediocres –

según Gobineau escribe– o hasta nulas, él posee en el deseo [...] una intensidad a menudo terrible". Consecuentemente, la raza negra es una raza intensamente sensual, radicalmente emotiva, pero falta de voluntad y de claridad organizadora. El amarillo se distingue intensamente del negro. Aquí los rasgos de la cara son endulzados, redondeados y expresan una vocación a la paciencia, a la resignación, a una tenacidad fanática, pero que él diferencia de la verdadera voluntad creadora. También aquí tenemos que ver a una raza de segundo orden, una especie infinitamente menos vulgar que la negra, pero falta de aquella osadía, de aquella dureza, de aquella cortante, heroica, inteligencia que se expresa en el rostro fino y afilado del ario".

En suma, era el tercer gran ingrediente de lo que habría de gestarse.

La obra de Gobineau, aunque amañada posteriormente por Hitler, le brindó al nazismo un sustrato "científico" que "justificaba" el peor genocidio de que se tenga memoria. Y como se ve en el texto precedente, sigue agitando emociones en la actualidad.

El contexto ayuda

Podría decirse que la República de Weimar había nacido bajo "el imperio del espanto" y estaba condenada a padecer el poder, más que a utilizarlo como herramienta transformadora.

El 31 de julio de 1919, cuando en el Teatro Nacional de Weimar la Asamblea Nacional Alemana proclamó el nuevo sistema constitucional que regiría la vida germana, los tres partidos que integraban la coalición gobernante (Social Demócratas, del Centro y Democrático Alemán) cargaban con la responsabilidad de administrar un país quebrado, socialmente dividido y sometido a lo que la gran mayoría de la población consideraba el humillante Tratado de Versalles.

No resultó extraño, entonces, que un año después de aquella proclamación en el Teatro Nacional, la coalición gobernante perdiera treinta puntos porcentuales en las primeras elecciones constitucionales para elegir parlamentarios, a manos de una derecha que abominaba del sistema democrático y del comunismo que, por otras razones, también despreciaba el modelo político proclamado en Weimar.

"La población común −escribe Daniel Fraenkel−, especialmente la clase media baja, carente de convicciones democráticas firmes y llevada al pánico por su descenso en espiral hacia la pobreza, se convirtió en juego fácil de la propaganda agitadora, manejada por los partidos radicalmente antidemocráticos de la extrema izquierda y de la extrema derecha".

Pese a esto, la desangelada República fue capaz de darles a los germanos seis años de relativa tranquilidad (de 1923 a 1929), merced a los préstamos que llegaban desde Washington y a un sistema de gobierno difuso. Continúa Fraenkel:

"No se había resuelto cuál era la fuente real de soberanía, si el Parlamento (Reichstag) o el Presidente. Por un lado, la Constitución de Weimar estipulaba un sistema de democracia parlamentaria en el cual se elegía a los representantes de los partidos por voto universal, y el Poder Ejecutivo y su jefe, primer ministro o Reich Kanzler, dependía de una mayoría en el Reichstag. Por otro lado también contenía elementos de un sistema presidencial de gobierno con un presidente fuerte, directamente elegido".

Pero aquella estabilidad lograda por la República se hizo trizas cuando comenzó la Gran Depresión, en 1929. Y el partido nazi que, hasta entonces, había tenido un crecimiento módico, aunque constante, se transformó en una de las mayores esperanzas de los alemanes para escaparles al caos, el desempleo y la miseria.

Durante esos años de relativa estabilidad logrados por la República, Hitler, que adivinaba que la "primavera" no duraría mucho tiempo, se abocó a tres tareas fundamentales:

   a. Librarse de dirigentes con peso dentro del Partido (en especial de los de su ala izquierda).

b. Reclutar más integrantes para las temibles SS (así, en 1932 habían llegado a conformar un cuerpo de quinientos mil hombres, tal cual consigna Fraenkel).

c. Establecer sólidos contactos con industriales y financieros poderosos, nostálgicos de los tiempos del Kaiser y "perjudicados" por la modernización economicoproductiva que pretendía llevar a cabo el Gobierno republicano.

En abril de 1925, los partidarios de la República de Weimar tuvieron, acaso, la primera comprobación concreta de que sus postulados y sus ideales estaban lejos de ser compartidos por buena parte de la sociedad germana. El viejo mariscal de campo del Imperio Alemán, Paul von Hindenburg, fue elegido presidente de la República en representación de un conjunto de partidos de derecha.

Monárquico, conservador y militarista, Hindenburg llegaba, a sus setenta y ocho años de edad, a conducir un gobierno republicano en el que no creía, pese a los esfuerzos que el viejo mariscal habría de poner para no quebrar la constitucionalidad.

Era un débil obstáculo. Y el camino para la aventura nazi quedaba despejado.

Antes y ahora

Hitler no pudo derrotar a Hindenburg en las elecciones presidenciales de 1932, pero la mayoría con la que contaban los nazis en el Reichstag obligó al mariscal a designar al futuro Führer ("conductor") como Canciller.

Había muerto la República de Weimar.

Y volvemos a Daniel Fraenkel:

"El factor de fondo más importante para la caída de la República fue la creciente crisis económica, la cual se propagó como una onda en todas las esferas de la vida alemana. En los meses del invierno de 1931-1932 y 1932-1933, el desempleo alcanzó proporciones tan dramáticas que afectaba a la mitad de las familias alemanas. Los efectos psicológicos en las clases medias bajas, que vivían en un temor constante a la proletarización (es decir, al descenso social), eran aún más graves que los que afectaban a las clases obreras, las que, después de todo, no tenían a dónde descender [...] Los partidos de clase media eran incapaces de elevarse por encima de la crisis partidaria para ofrecer un nuevo objetivo a un electorado potencial descontento y fragmentado".

¿Algún parecido con la realidad europea actual?

A ochenta años de distancia de aquel 1933, en que el Partido Nazionalsocialista Obrero Alemán se encaramó en el poder, ungiendo a Adolf Hitler como nuevo dictador de Alemania, hoy, muchos países de Europa exhiben condiciones económicas y políticas similares a las que en la Alemania de la preguerra le abrieron las puertas a una de las mayores tragedias de la Humanidad.

También, hoy, en esta Europa azotada por la crisis que va resbalando desde lo económico a lo institucional, formaciones neonazis han comenzado a crecer y a ganar representatividad a partir de propuestas de solución peligrosamente similares a las que alzaban los partidarios de Hitler en aquel entonces.

Ése es el espejo que parece roto. El que dice que crisis y desconcierto político partidario no son, sin dudas, una combinación esperanzadora para los regímenes democráticos.

Capítulo 2
DE GRECIA CON TERROR

"¡Temednos, que ya llegamos!"

Nikos Michaloliakos

En la madrugada del 2 al 3 de julio de 2013, el capitán de la nave presidencial que conducía al jefe de Estado de Bolivia, Evo Morales, hacia su país, proveniente de Moscú, se enteró de que cuatro países europeos, Italia, España, Francia y Portugal, le negaban que surcara sus respectivos espacios aéreos, en una flagrante violación al derecho internacional. El avión del presidente sudamericano debía inexorablemente hacer una escala técnica para reabastecer combustible, y la negativa de los cuatro países no sólo ignoraba por primera vez en la historia una regla internacional básica, sino que ponía en peligro la vida de Evo Morales.

Luego de desesperadas negociaciones desde el aire, el capitán del avión recibió una llamada salvadora: Austria sí autorizaba a que la nave hiciese tierra en el aeropuerto de Viena.

Soberbios y sumisos

La razón por la cual los países europeos le impedían aterrizar y hasta surcar sus respectivos espacios aéreos era que, según los servicios secretos estadounidenses, la nave presidencial transportaba a Edward Snowden, el ex contratista de la estadounidense NSA (Agencia de Seguridad Nacional) que reveló el gigantesco plan de espionaje que Estados Unidos llevaba a cabo sobre Europa, América Latina y Asia, amén de sobre sus propios ciudadanos.

Las sospechas de la CIA eran infundadas y, más que eso, probablemente ni siquiera había habido sospechas. La orden que la Casa Blanca les giró a los europeos parecía más enraizada en lanzar un fuerte mensaje intimidatorio a la rebelde Sudamérica que a interceptar el paso del ex espía. Sea como fuere, esa Europa, que tras las graves revelaciones de Snowen había intentado una tibia queja por haber sido espiada por su "amigo" y "socio", enfundó prestamente su enojo y obedeció disciplinadamente el mandato de Washington.

Cinco días después del "incidente", en el que los cuatro países europeos (antaño colonialistas todos ellos) aparecieron frente al mundo como sumisos gobiernos coloniales, el periódico *El País*, de España, en un editorial firmado por Miguel Ángel Aguilar, decía:

"El infame comportamiento con el avión del presidente de Bolivia, Evo Morales, en su vuelo de regreso de Moscú, es revelador de la penosa sumisión a Washington de países como Francia, Italia y Portugal, pero también de España [...] No hay mayor debilidad que la ignorancia de la propia fuerza ni mayor síntoma de esclavitud que adoptar como propios los odios ajenos. Nadie nos exige que convalidemos regímenes populistas como los de Fidel Castro, Hugo Chávez o Evo Morales, pero aquí también tenemos tarea con Silvio Berlusconi, Le Pen, el húngaro Viktor Orbán y otros especímenes nacionalistas y xenófobos de floreciente arraigo..."

Y remata Aguilar su editorial con un recuerdo que es una verdadera y descarnada fotografía de una Europa cada vez más de rodillas:

"En 1964, el general Franco se negó a que España secundara el embargo comercial estadounidense a Cuba y, en sentido contrario, aquí nadie se interesó en inspeccionar los vuelos de la CIA ocurridos a partir del 2002 con sospechosos capturados ilegalmente, que eran trasladados a Guantánamo o a países concertados, para su tortura".

No casualmente, el trabajo de Aguilar hace dos señalamientos que son parte del mismo proceso que va creciendo en algunos países de Europa: el nuevo rol de colonia estadounidense que han asumido, y el "floreciente arraigo" de los partidos neonazis en todas sus variantes. Si a eso se le suma la prolongada crisis económica, con sus altos costos sociales, es posible suponer que las propuestas de esos "especímenes nacionalistas y xenófobos" calen cada vez con mayor fuerza en la conciencia colectiva de dichas sociedades.

También en el periódico *El País*, pero un día antes que el editorial de Aguilar, Jorge M. Reverte escribía:

"Europa aguanta que su mayor aliado la espíe sin pudor o que lo haga uno de sus socios, Gran Bretaña, sin esbozar una disculpa creíble. Aguanta que resida en sus capitales una banca ladrona, delincuente, como el HSBC (pero no solo), que blanquea capitales, dirigida por ejecutivos de traje gris y raya fina que se permiten el lujo de reírse de los campesinos del Sur. Y España humillada, entregada a la voluntad justiciera de los más poderosos, esconde sin limpiar lo que puede de una corrupción que la ha dejado casi arruinada, incapaz de levantar la voz en ninguna de las discusiones trascendentales para el futuro común".

Sorpresivamente, todo ese discurso en contra de los "populismos" latinoamericanos, con el que muchos líderes europeos han tratado de justificar frente a sus pueblos las duras políticas neomercantiles a las que los someten, parece derrumbarse en un abrir y cerrar de ojos cuando una orden de Washington los obliga a mostrarse, desnudos ante el mundo, como súbditos obedientes. Pero además de su soberanía internacional también ellos deberían arbitrar, y lo olvidan, las barreras con que todo país democrático cuenta para impedir el resurgimiento de una ideología que le costó a la humanidad sesenta millones de muertos.

Eso en cuanto a una ausente actitud política soberana.

Otro dato. Hasta nuestros días, y con todas las imperfecciones que puedan achacársele, el respeto al derecho internacional funcionó como un paraguas debajo del cual era posible contar con una cierta convivencia entre los distintos países del mundo. En aras de una ciega obediencia, la abierta violación en la que han incurrido cuatro países de Europa coloca todas las relaciones internacionales en entredicho.

¿Hay mucho que esperar de ellos, entonces? ¿Qué monstruos habrán de alimentar la desidia y la inacción de esos gobiernos dormidos y sumisos?

Las respuestas, y las crecientes evidencias, dan miedo.

En la cuna de la democracia

La vida de Nikolaos Georgiou Michaloliakos nunca fue rutinaria. En 1963, siendo un adolescente de dieciséis años, se había convertido ya en un activo miembro de un partido político que, en esos años, sólo aparecía como un dato pintoresco de la realidad. Su fundador, Kostas Plevris, lo había bautizado Partido Nacionalista 4 de Agosto, y tenía como objetivo reimplantar en Grecia el régimen fascista que ya había gobernado en el país heleno (precisamente desde un 4 de agosto, pero de 1936) hasta abril de 1941, cuando los alemanes ocuparon Grecia.

Tanto Michaloliakos como antes su maestro Kostas Plevris eran devotos admiradores del general Ionnis Metaxás, el hombre que, tras un golpe de Estado, impuso lo que se conocería como el Periodo del Fascismo Griego.

Ultramonárquico convencido, Metaxás había logrado que Jorge II de Grecia volviese al trono en 1935, en virtud de un plebiscito fraudulento convocado por la Junta Militar que, entonces, regía los destinos del país.

El general Metaxás, que a partir del golpe y hasta su muerte, conduciría el "Nuevo Estado" (como él mismo lo bautizó) y que comulgaba bastante más con Benito Mussolini que con Adolf Hitler, decidió proscribir todos los partidos políticos y desatar una feroz persecución y represión contra todos los sectores identificados con la izquierda.

Al igual que Mussolini en Italia y Hitler en Alemania, Metaxás se consideraba el fundador de la Tercera Civilización Griega que, tanto como la Tercera Roma del Duce y el Tercer Reich del Führer, llegaba para librar a Grecia de la decadencia que padecía.

Ese "helenismo" fue caracterizado por ser antidemocrático, anticomunista y antiparlamentarista. Apoyado en una concepción corporativa del Estado y en una clasificación elitista de la sociedad, fue, sin embargo, el objetivo fundamental que se proponía alcanzar el Partido Nacionalista 4 de Agosto fundado por Plevris, y que contaba entre sus cuadros al joven Nikolaos Michaloliakos.

Llegaron luego los tiempos en los que el muchacho nacido en Atenas ingresó a la Universidad Kapodistríaca para cursar la licenciatura en Ciencias Matemáticas, pero sin abandonar jamás su militancia neofascista, la que lo llevaría por primera vez a prisión en 1974. Entonces fue arrestado por ser parte de las violentas manifestaciones que se llevaron a cabo en Atenas con motivo de la invasión turca al norte de Chipre. Pero volvió a estar entre rejas dos años más tarde, cuando él y un grupo de compañeros la emprendieron a los golpes contra los periodistas que cubrían el funeral de Evangelos Mallios, un sanguinario torturador del Gobierno de los Coroneles. Acusado de tenencia de armas y explosivos, Michaloliakos fue liberado dos meses después sin haber sido juzgado.

Enrolado en el batallón de paracaidistas del Ejército griego, fue a dar nuevamente con sus huesos a la cárcel en 1979 (esta vez a una prisión militar), acusado de tenencia ilegal de armas de guerra y explosivos.

Lo sorpresivo, luego de la detención, fue la sentencia de los jueces: se lo condenó a sólo trece meses de reclusión, cuando a sus compañeros se les aplicaron penas de cinco y hasta doce años de cárcel. Al conocerse los fallos, los medios de prensa locales especularon con que el profesor de Matemáticas no sólo había entregado a la policía los nombres de sus colaboradores, sino que él mismo era miembro de los servicios de inteligencia griegos.

Abandonar la prisión y reiniciar su actividad política fueron una sola cosa. A principios de 1980, quien acabaría siendo el principal líder neofascista griego fundó, junto a un grupo de jóvenes ultranacionalistas, la revista *Chrysi Avgi*, desde la cual combatiría ideológicamente al liberalismo, a la socialdemocracia y a todas las formas de socialismo imperantes en Europa.

Oscuro amanecer

Pero a mediados de ese año 1980, y ante la evidencia de que la tarea de *Chrysi Avgi* ("Amanecer Dorado" o "Aurora Dorada") era insuficiente para conseguir el apoyo social que él pretendía, el profesor de Matemáticas viajó a Sudáfrica en busca de los consejos de su admirado Giannis Giannopoulos, un exacerbado neofascista que había debido huir de Grecia cuando se comprobó que los atentados dinamiteros que habían sacudido a Atenas en 1978 habían sido obra suya.

En efecto, el domingo 17 de diciembre de 1978, veintinueve bombas de fabricación casera, colocadas en automóviles estacionados en las afueras de Atenas, estallaron casi al unísono, dejando un casi milagroso saldo de sólo cuatro heridos. La organización que entonces se adjudicó los atentados fue Agrupaciones para la Restitución Nacional, una banda de ultraderecha que conducía Giannopoulos.

La redada policial, que comenzó un par de horas más tarde, detuvo a veinticinco miembros de la organización neofascista pero no pudo dar con su líder, que prestamente huyó del país.

Giannopoulos, desde ese día convertido en una suerte de prócer para la juventud ultranacionalista griega, eligió como destino Sudáfrica. Allí se enroló en la Legión Extranjera y acabó luego como asesor militar del Movimiento de Resistencia Afrikáner. El AWB (por sus siglas en afrikáans) era un grupo político y paramilitar que abogaba por la separación de los afrikáners de Sudáfrica. Sostenía que el gobierno local era demasiado permisivo con las corrientes de izquierda y centroizquierda, y aspiraba a fundar el Estado bóer (Boerestaat), como una forma de restablecer las antiguas repúblicas blancas dentro de África.

En Sudáfrica, el legendario "prócer" de los jóvenes de finales de los 70 le explicó a Michaloliakos que si no contaba con una estructura política, capaz de intervenir en la escena nacional a partir de la agitación y la propaganda, jamás llegaría a cumplir con sus propósitos.

De regreso a Atenas, el matemático intentó cumplir con las recomendaciones de Giannopoulos, pero ni sus compañeros estaban maduros para emprender una tarea de militancia como la exigía un flamante partido político, ni la sociedad se mostraba permeable a las ideas radicales del grupo.

Desilusionado por la falta de voluntad y compromiso de sus compañeros de Amanecer Dorado, Michaloliakos se sumó en 1984 a la rama juvenil del nuevo partido que el dictador Giorgios Papadopoulus apoyaba desde la cárcel, transformándose rápidamente en el indiscutido líder de la juventud. La Unión Política Nacional (EPEN), que el condenado dictador conducía desde la prisión, era una organización de ultraderecha que, según su líder (condenado a prisión perpetua por el golpe de Estado de 1967), llegaba a la política para "rescatar a Grecia de la decadencia" a la que la habían llevado liberales y socialdemócratas. Nada diferente de lo que proclamaba Metaxás casi cincuenta años antes.

Es muy posible que la incorporación de Nikolaos Michaloliakos al EPEN no haya sido más que un desafío que el joven matemático intentó hacerse a sí mismo. Necesitaba comprobar hasta qué punto un partido político era capaz de hacerle un lugar al neofascismo en la consideración social y hasta qué punto los griegos comulgaban con esas ideas.

No le fue mal. El partido se presentó a las elecciones regionales de Ática y, pese a lo reciente de su formación, se alzó con 8% de los votos. Tres meses después, Michaloliakos, convencido de que sería incapaz de disputarle la conducción del EPEN al tirano preso, abandonó el partido.

En 1986, el matemático se reconcilió con sus antiguos compañeros de Amanecer Dorado, y el más poderoso partido ultraderechista de Grecia comenzó así su actividad política.

Fue una labor que le permitió, el 6 de mayo de 2012, en las elecciones nacionales griegas, obtener 7% de los sufragios y alzarse con veintiún asientos en el Parlamento heleno.

Pero más allá de la cifra final que la organización neonazi obtuvo en el escrutinio, para Michaloliakos lo más significativo fue el desagregado de los votos.

Amanecer Dorado había contado con el apoyo de:

+ Catorce por ciento de los jóvenes de entre dieciocho y veinticuatro años.

- Doce por ciento de los de veinticinco a treinta y cuatro.

- Once por ciento de los votantes que contaban hasta cuarenta y cuatro años.

"Aquí hay futuro", se dijo el naciente líder. El análisis del ultranacionalista matemático no fue equivocado. Un año y un mes más tarde, las encuestas de opinión mostraban que Amanecer Dorado se había convertido ya en la segunda fuerza política de Grecia, por detrás de Nueva Democracia y apenas unas centésimas por delante de SYRIZA, el partido de izquierda heleno.

De nuevo, "puros" e "indeseables"

Por supuesto, no es sencillo explicar el crecimiento exponencial que Amanecer Dorado ha experimentado, en especial en los últimos cinco años, si no se vincula esa captación de votantes con la crisis económica que sufre Europa y, particularmente, Grecia.

La organización de Michaloliakos les adjudica a los inmigrantes la responsabilidad por el aumento de la criminalidad y del desempleo. Propone, entonces, cerrar las fronteras (incluso utilizando minas antipersonales o alambrados electrificados) y expulsar a los inmigrantes que ya residen en el país. Al igual que la legislación hitleriana, Amanecer Dorado reclama, también, que se ilegalicen los matrimonios mixtos y se incentive la fertilidad de las mujeres griegas.

En una parte de su programa político proclama:

"Hay que fomentar la procreación de niños griegos, a la vez que se debe impedir la descendencia de los extranjeros. No a los matrimonios mixtos entre blancos y no-blancos; no al aborto, que llevan a nuestra Nación a la muerte racial".

Para los neonazis griegos, al igual que para el resto de las organizaciones de la ultraderecha europea, eliminar la cuestión racial constituye la piedra basal sobre la que se apoyan todas las transformaciones propuestas, y ese "porvenir venturoso" que auguran. Así como la raza aria era para los alemanes el símbolo de la pureza y la superioridad, los neonazis griegos le atribuyen esas cualidades a la raza helénica.

Lo que subyace en ambos casos es el desprecio absoluto por la condición humana como tal. Tanto es así que Amanecer Dorado ha llegado al extremo de reclamarle al Gobierno de su país que los bancos de sangre sólo admitan donantes y receptores griegos de tercera generación, para no contaminar la pureza de la sangre. En el apartado correspondiente a la salud pública, el programa político de la organización es contundente:

"Ninguna prestación de asistencia sanitaria a los inmigrantes ilegales, a excepción de casos de emergencia. Los hospitales griegos deben dejar de tratar a las personas que han entrado en el país ilegalmente y perder cientos de millones de fondos públicos. El 'turismo sanitario' de los países balcánicos también se detendrá. Se dará estricta prioridad a los pacientes griegos que han invertido muchísimo en el sistema de salud pública y han terminado a la espera en la cola, detrás de los extranjeros".

Pese a lo inhumana que ya de por sí resulta la plataforma política en el área de salud pública, Amanecer Dorado procuró cubrir parcialmente las apariencias. Consigna la "excepción" en "casos de emergencia", cuando en sus arengas callejeras no postula excepción alguna, y cubre la fachada jurídica hablando de inmigrantes "ilegales", mientras que en los hechos, para la organización, todo extranjero es un enemigo, haya entrado legal o ilegalmente al país.

Más adelante, en otro de los puntos de su plataforma de gobierno, desenmascara en buena medida lo que procuró maquillar antes:

"Amanecer Dorado distingue a los ciudadanos griegos de los extranjeros que residen ilegalmente en el país y, por supuesto, de los invasores inmigrantes ilegales (*ilegales* o *legalizados ilegalmente*). Los inmigrantes ilegales son un ejército invasor informal, que descompone la estructura social y lleva nuestra identidad nacional al olvido. Los inmigrantes ilegales, siendo ajenos a la sociedad griega, deben ser deportados de inmediato".

La aclaración entre paréntesis (destacado en el documento original) limita hasta hacerla desaparecer la condición de legalidad, en la medida en que aun los "legalizados" lo han sido "ilegalmente". No hay, para el partido de Michaloliakos, inmigrantes que violen la ley y otros que no. Todo extranjero es parte de ese "ejército invasor informal" que les arrebata puestos de trabajo a los griegos y contamina la raza.

Represión, militarismo y religión

El extenso apartado en el que la organización se ocupa de fijar posición respecto de los inmigrantes no se priva de establecer lo que debería ser el paso previo a la deportación:

"Hasta su repatriación definitiva, serán trasladados a centros de detención especializados, lejos de la zonas residenciales, donde las condiciones no serán tan lujosas como ahora".

Con una pirueta verbal poco sutil, lo que el nostálgico partido neonazi propone es que esos inmigrantes condenados a ser deportados aguarden ese momento en campos de trabajo forzado, a imagen y semejanza del Auschwitz o del Treblinka de los alemanes. En el siguiente ítem, en donde el programa se ocupa de las penas que se aplicarán a los inmigrantes que cometan delitos, Amanecer Dorado es más específico:

"Cualquier delito cometido por un extranjero será considerado estatutario. Las sentencias no serán pagadas en prisión, sino en centros de detención especializados donde los delincuentes trabajarán para el beneficio del pueblo".

Ya no se habla de inmigrantes sino, genéricamente, de "extranjeros". También se aclara qué se quiere decir con "centros de detención especializados".

Como lo planificaron tanto Adolf Hitler como Benito Mussolini en su momento, Michaloliakos y los teóricos de su partido han imaginado, en su proyecto político, una sociedad militarizada y fuertemente vigilada. Así postulan:

"Servicio militar obligatorio de hombres y mujeres (a excepción de las madres) cuando alcancen los dieciocho años de edad, durante catorce meses. Examen de archivos con penas severas para quienes ilegal y maliciosamente evadieron el reclutamiento. Las mujeres deben cubrir puestos fuera de combate en los centros urbanos (a menos que soliciten traslado voluntario) y todos los hombres servirán en las fronteras, en la Patrulla Fronteriza".

El plan de acción, como se ve, consiste en militarizar las ciudades y tender un anillo armado alrededor del país con la Patrulla Fronteriza. Pero no sólo las Fuerzas Armadas son objeto de rediseño. También la policía lo es.

Y así se proclama:

"Restablecimiento de la Policía Civil griega y creación de una nueva unidad especial para la policía griega, que cuente con armas ofensivas pesadas a fin de enfrentarse a fenómenos de delincuencia juvenil (por ejemplo, ladrones extranjeros con Kalashnikovs). Es inaceptable que la Policía griega se encuentre desarmada ante matones fuertemente armados".

La "Policía Civil" es, claro, una versión helénica de la Gestapo alemana, y las "armas ofensivas" serán utilizadas contra "ladrones extranjeros" y (aunque no lo diga en este punto) cualquier otro ciudadano políticamente molesto para el régimen.

Si algo tiene de valioso el hacer público un detallado programa político para cualquier partido, pero en especial, por parte de Amanecer Dorado, es que, al ir recorriendo los distintos aspectos ideológicos y organizativos, se suele explicitar en algunos lo que no se dijo en otros. Por ejemplo, no se habla de la represión política que tendrá a su cargo la policía cuando se detalla la organización de ésta; sin embargo, al abordarse los márgenes de disidencia, el punto queda clarificado:

"Los delitos graves que disuelvan la cohesión social y destruyan el organismo nacional serán considerados estatutarios [...] Abolición efectiva del asilo en la universidades y prohibición de facciones partidarias en su seno, ya que son los vectores de la corrupción en la educación superior. La universidad es un templo para la investigación y para los buscadores de conocimiento, no para criminales y partidistas".

Vale decir que, quienes disuelven "la cohesión social" y destruyen "el organismo nacional" tienen nombre y apellido. Son las "facciones partidarias", en su condición de "criminales y partidistas".

Pendulando entre las premisas de los distintos modelos de fascismo y nazismo que se instauraron a lo largo de la historia europea, el partido de Michaloliakos va tomando trozos de cada uno de ellos.

Mussolini fue refractario a las cuestiones religiosas. El Tercer Reich tampoco combinó demasiado con la Iglesia en su tiempo. Pero en la España de Francisco Franco, el clero falangista ocupó durante mucho tiempo un rol primordial en la organización que le dio a la sociedad "el Generalísimo".

Es de allí que Amanecer Dorado abreva en la cuestión religiosa y proclama:

"Amanecer Dorado se opone a la separación Iglesia-Estado. Buscará restaurar el prestigio de la Iglesia y removerá todos los miembros decadentes e internacionalistas del clero. Las religiones que ofendan a la tradición griega y a su historia y dañen la fortaleza de la Nación serán prohibidas. La ortodoxia griega renacerá una vez más y será pionera en la lucha de la Nación".

Hacer bien mirando a quién

En su sede central en Atenas, cerca de la estación de tren de Larissa, Amanecer Dorado convoca diariamente a centenares de griegos que llegan hasta allí en busca de comida, asesoramiento laboral, asistencia sanitaria, etcétera.

Desde la capital griega, la corresponsal del diario *El País* de España, Mariangela Paone, describe así la escena:

"Guardan la entrada del edificio dos hombres que lucen músculos debajo de dos apretadas camisetas negras. Podrían ser dos gorilas de discoteca, si no fuera por la bandera que se entrevé a sus espaldas: el símbolo negro sobre un fondo rojo. 'Damos comida, intentamos ayudar a buscar trabajo. La gente nos cuenta los problemas con los inmigrantes que la policía no puede solucionar y nosotros actuamos con nuestros métodos', explica Alex, que, como la mayoría de los voluntarios, viste un pantalón militar de color verde oscuro y una sudadera negra".

Parece obvio decir que, al menos hasta aquí, el método de captación política le ha resultado exitoso al partido del profesor de Matemáticas. En tres años pasó de 0.5% de sufragios, a 7%, y hoy las encuestas le asignan 14% de intención de voto.

Pero asistir socialmente ("sólo a los griegos") no significa que el grupo deje de lado su principal preocupación: librar a su tierra de la presencia de extranjeros.

Apunta la corresponsal española:

"Entre enero y septiembre [de 2013] se documentaron ochenta y siete episodios, la mayoría en Atenas y en lugares públicos. Las víctimas, que en muchos casos han sufrido lesiones importantes, hablan del uso de armas, bastones, tijeras, botellas rotas, cadenas".

Pero la cantidad de miembros de Amanecer Dorado detenidos por los ataques es casi inexistente. La policía griega simpatiza con los neonazis y suele mirar para otro lado cuando los vándalos cargan contra algún extranjero o cuando destrozan negocios cuyos propietarios no son griegos.

Más aún. A fines de julio de 2012, las autoridades aprobaron lo que se denomina Operación Zeus Xenios, que consiste en que grandes operativos policiales se dediquen a arrestar inmigrantes sin papeles para deportarlos luego. Exactamente lo que reclama Amanecer Dorado.

El propio ministro de Orden Público, Nikos Dendias, argumentó que Grecia sufre una "invasión histórica", luego de que la policía, en un sorpresivo operativo, arrestase a más de seis mil inmigrantes.

Es evidente que el crecimiento de Amanecer Dorado y la identificación que la sociedad griega comienza a tener con las propuestas de los neonazis obligan a los tecnócratas en el Gobierno a ceder cada vez más ante los reclamos del partido de Michaloliakos.

En el mismo mes de julio, el periódico *To Vima* dio a conocer una información que muchos ya imaginaban: 50% de los policías griegos votó por Amanecer Dorado en las últimas elecciones.

Hacia una sociedad verticalista

Más allá de la violencia callejera, la evolución política de esta organización neonazi ha demostrado lo erróneo que fue considerarla en un principio como una simple banda de matones xenófobos.

Ni Amanecer Dorado, ni casi ninguno de los grupos nazis que crecen en Europa (de los que nos ocuparemos luego), carece de una sólida base doctrinaria.

Las nuevas organizaciones cuentan con un sustento ideológico perfectamente estructurado que contabiliza al José Antonio Primo de Rivera de la España prefranquista, pasando mucho antes por el francés Charles Maurras y su formulación del integrismo, y llegando hasta el belga Leon Degrelle, del que se nutrieron y se nutren doctrinariamente los neonazis en el mundo.

Degrelle, por ejemplo (al que el generoso cobijo de Franco salvó de la pena de muerte por sus crímenes de guerra), fue uno de los que más trabajó sobre la necesidad de abolir el régimen democrático y ungir en el Gobierno a una organización corporativa bajo el comando de un líder, y demostró que su Partido Rexista (por Cristo Rey) era capaz de participar en una competencia electoral, jugando con las "decrépitas" reglas liberales, y obtener, en 1937, 19% de los votos. Algo más de lo que le asignan las encuestas hoy a Amanecer Dorado.

El belga no era ni un improvisado ni un matón xenófobo. Mientras cursaba su carrera de Derecho en la Universidad Católica de Lovaina, había leído con detenimiento a Charles Maurras y también a Karl Marx y a Lenin. De los marxistas rescató el concepto de *igualdad social*. De Maurras tomó la idea del "nacionalismo integral" (nacionalismo intenso) como política de gobierno y, además, la forma de materializar esa "sociedad igualitaria", que debía ser sometida a un estricto orden y gobernada por una elite ilustrada, bajo los dictados de un fuertísimo líder.

A diferencia de Maurras, que era agnóstico, Degrelle se proclamaba un católico fervoroso y en todo momento fue un miembro destacado de Acción Católica. La Iglesia, para él, era una corporación indispensable para el sostenimiento del gobierno que proponía.

Amigo íntimo de Adolf Hitler e interlocutor privilegiado de Benito Mussolini, Leon Degrelle fue, además de un perseverante político, un intelectual prolífico. Dejó más de quince obras escritas, entre las cuales, varias siguen siendo hoy material de consulta permanente para los neonazis del mundo.

Degrelle, tanto como Primo de Rivera, habían embestido decididamente contra las grandes empresas capitalistas, contra los banqueros y contra los burócratas de los partidos tradicionales, garantes de esa "democracia burguesa" que es la responsable de los "padecimientos del pueblo". Ambos tomaban parte del léxico marxista, aunque luego lo combatían con ferocidad, acusándolo casi de los mismos pecados que les endilgaban a los capitalistas.

El 4 de julio de 1935, en un artículo para el semanario *Arriba*, José Antonio Primo de Rivera explicaba las razones por las cuales sostenía que la sociedad debía ser conducida por un gobierno autoritario, elitista, a partir de la figura indiscutida de un líder:

"Ninguna revolución produce resultados estables si no alumbra a su César. Sólo él es capaz de adivinar el curso soterrado bajo el clamor efímero de la masa. El jefe no obedece al pueblo: debe servirlo, pues es otra cosa bien distinta; servirlo es ordenar el ejercicio del mando hacia el bien del pueblo, procurando el bien del pueblo regido, aunque el mismo pueblo desconozca cuál es su bien. Los jefes pueden equivocarse, porque son humanos; por la misma razón pueden equivocarse los llamados a obedecer cuando juzgan que los jefes se equivocan. Con la diferencia de que, en este caso, el error personal, tan posible como en el jefe y mucho más probable, se añade al desorden que representa la negativa o la resistencia a obedecer".

Pocos pensadores ultranacionalistas han explicado con tanta claridad la veneración al líder que han tenido, y tienen, las distintas experiencias nazis o fascistas desarrolladas en Europa. El párrafo fundamenta, también, el cerrado rechazo al sistema democrático "burgués" que abjura, al menos desde la retórica, del personalismo en un gobierno republicano.

Dos años antes, en otro artículo, el español daba cuenta sin rodeos de cuál era el formato de gobierno que proponía el fascismo:

"Nosotros no propugnamos un dictadura que logre el calafateo del barco que se hunde, que remedie el mal de una temporada y que suponga sólo un solución de continuidad en los sistemas y en las prácticas del ruinoso liberalismo. Vamos, por el contrario, a una organización nacional permanente; a un Estado fuerte, reciamente español, con un poder ejecutivo que gobierne y una Cámara corporativa que encarne las verdaderas realidades nacionales. No abogamos por la transitoriedad de una dictadura, sino por el establecimiento y permanencia de un sistema".

De tales maestros...

En ese fragmento del artículo publicado en *El Fascio*, Primo de Rivera mencionaba al pasar lo que para el fascismo sería una suerte de poder legislativo: la Cámara corporativa.

Ese cuerpo deliberativo, siempre con facultades restringidas a la voluntad del líder, debía estar conformada no por partidos políticos ni por individuos como tales, sino por corporaciones que tendrían allí a sus representantes: la Iglesia, el Ejército, los Sindicatos, etcétera.

En esa Cámara, juzgaba Primo de Rivera, se debatirían y se armonizarían los intereses específicos de cada sector de la sociedad. Sociedad entendida como un conjunto de corporaciones que asumirían el rol de interpretar y representar los intereses del conjunto de los individuos vinculados por un mismo quehacer.

El otro postulado, significativamente extraído del marxismo, es el de la dictadura, no como un modo de gobierno transitorio o anómalo, sino como forma permanente de administración. Marx hablaba de la "dictadura del proletariado", conducida por el partido revolucionario. Primo de Rivera proponía, en cambio, la dictadura de una elite –un absolutismo ilustrado–, la que desde luego conocería y velaría por "el bien del pueblo"; reiteramos, siempre conducida por un "César".

Por último, y como para redondear someramente el andamiaje doctrinario, político e ideológico del que se han nutrido tanto Amanecer Dorado como otras organizaciones hermanas repartidas hoy por buena parte de Europa, José Antonio Primo de Rivera tampoco dejó de ponerle fundamentos al uso de la violencia:

"… queremos, por último, que si esto ha de lograrse en algún caso por la violencia, no nos detengamos ante ella. Porque ¿quién ha dicho –al hablar de 'todo menos la violencia'– que la suprema jerarquía de los valores morales reside en la amabilidad? ¿Quién ha dicho que cuando insultan nuestros sentimientos, antes que reaccionar como hombres, estamos obligados a ser amables? Bien está, sí, la dialéctica como primer instrumento de comunicación. Pero no hay más dialéctica admisible que la dialéctica de los puños y de las pistolas cuando se ofende a la justicia o a la Patria".

No dista demasiado el credo que empieza a recorrer Europa con éxito creciente y que suma a jóvenes con pocas esperanzas de hallar trabajo y futuro en una sociedad sujeta a los poderes financieros y políticos hegemónicos, sin políticos que exhiban voluntad de buscar soluciones creativas o, al menos, que excedan la suicida obediencia.

Capítulo 3
RECOGIENDO VIEJAS BANDERAS

"¡Dale GAS!"
Afiche electoral del NPD

En agosto de 2011, en Berlín, cercanas las elecciones regionales de septiembre, apareció un póster de campaña con la significativa frase arriba citada. Claro, la imagen mostraba al líder Udo Voigt montado en una moto de gran cilindrada, y la exhortación, se dijo oficialmente, sólo quería motivar a la juventud a ir hacia adelante. Había que ser muy iluso para creerlo. Se buscaba sin duda evocar al fantasma de las cámaras de gas y de la Aktion T4, y la evidente asociación indignó a muchos. Pero, ¿quiénes son ellos?

Los neonazis

Digamos que enarbolan banderas con una gran franja roja horizontal en el medio y dos blancas y finas a los costados. En el centro, un círculo con borde dorado y fondo negro alberga a las iniciales de color blanco: NPD.

Son los miembros del Partido Nacionaldemócrata de Alemania (Nationaldemokratische Partei Deutschland), una denominación que, más allá de los colores, nada dice de la ideología que profesan.

Cabezas rapadas, con tatuajes sobre el afeitado cráneo, o boinas militares completan la estética general de un grupo que anuncia que, cuando sean gobierno, construirán un tren subterráneo que una a la ciudad de Jerusalén con Auschwitz.

En 2003, las autoridades alemanas intentaron ilegalizarlos. Pero el proceso se derrumbó cuando los jueces comprobaron que los testigos con los que ellos contaban, supuestos miembros de la conducción del partido, eran, en realidad, agentes del servicio secreto germano infiltrados en la organización neonazi. Desde entonces, todo fue ganancia política para un partido que se propone restaurar el Tercer Reich en Alemania.

La inteligencia germana afirma que, en la actualidad, el NPD cuenta con siete mil miembros, lo que no parece una cifra significativa si se prescinde de considerar que desde su fundación, el 28 de septiembre de 1964, el partido transitó una prolongada decadencia y que hacia finales de la década de los 80 había estado al borde de la extinción. ¿Qué le permitió resucitar?

Sin dudas, la topadora neoliberal que recorrió el mundo en los 90 fue la que le regaló una nueva oportunidad. Los trabajadores alemanes comenzaron a perder poder adquisitivo, merced al congelamiento salarial, y aunque no ganó terreno la desocupación, el deterioro en los niveles de vida hizo que algunos comenzaran a prestar atención a las proclamas de los neonazis.

Después, la globalización, y por fin la irrupción de la crisis económica, lograron que el NPD fuese ganando asientos en los parlamentos regionales.

Conducido desde 1996 por Udo Voigt, un ex militar ultranacionalista, el partido cuenta con una sede regional en Jena, en la que almacena armas e imágenes de Hitler y de sus principales colaboradores.

Al igual que Amanecer Dorado, el NPD responsabiliza a los inmigrantes por la supuesta decadencia alemana, pero lo peor de su furia es descargada contra los judíos.

Los consultores de opinión vaticinan que, si los efectos de la crisis económica comienzan a sentirse fuerte en Alemania, como pareciera que va a ocurrir, los neonazis se alzarán con los primeros escaños nacionales; y el NPD trabaja denodadamente para eso.

Por ejemplo, en tiempos electorales, desaparecen los *skinheads* ("cabezas rapadas") que los apoyan, y son señores muy formales, de traje y corbata, los que difunden las propuestas del grupo, por supuesto mucho más matizadas que en las marchas callejeras. No proliferan las cruces gamadas ni las cabezas brillantes, pero el mensaje martilla sobre cuestiones muy sensibles para los alemanes:

+ Inmigrantes que si no "roban" puestos de trabajo, como en Grecia o en España, al menos colaboran en que se ajusten a la baja los salarios.

+ Banqueros inescrupulosos que se apropian de la mayor parte de la renta que genera la sociedad toda.

+ Empresarios que maximizan las ganancias exigiendo cada vez más productividad a sus trabajadores.

+ Políticos pusilánimes, sometidos a las órdenes del Fondo Monetario Internacional, del Banco Mundial y del Banco Europeo.

En 2009, Tony Paterson escribió una nota sobre el NPD para el periódico británico *The Independent*, que reprodujo luego en Argentina *Página 12*. Allí, el periodista inglés decía:

"A pesar de los intentos del gobierno por prohibir el partido, el abiertamente racista NPD ya detenta escaños en dos de los dieciséis parlamentos regionales de Alemania. Tiene unos doscientos veinte miembros electos en consejos municipales y espera consolidar su base de poder político en una serie de elecciones regionales y municipales de este año. Udo Voigt, líder del NPD, admite que su partido tiene pocas oportunidades de llegar al Parlamento nacional en las elecciones de septiembre. Pero insiste: su objetivo es hacer pie en el Reichstag en 2013".

Pero más allá de los procesos electorales que el NPD y otros grupos ultraderechistas germanos utilizan fundamentalmente como herramienta propagandística, la captación que los neonazis van haciendo al interior de las fuerzas de seguridad y de los servicios secretos alemanes constituye, hoy, la principal preocupación de los partidos políticos tradicionales.

El 4 de noviembre de 2011, la policía pudo descubrir que nueve asesinatos de extranjeros, cometidos entre 2000 y 2007, no habían sido obra de mafias pertenecientes a las comunidades de las víctimas, sino de una organización terrorista nazi denominada Clandestinidad Nacionalsocialista.

Ocho empresarios turcos y uno griego habían caído bajo las balas de extremistas que la Oficina Federal para la Protección de la Constitución (Servicios de Inteligencia) ya tenía bajo la mira desde mediados de los años 90.

Pero, sorpresivamente, los sabuesos alemanes les perdieron la pista.

En 2012, el portal informativo alemán *Deutsche Welle*, comentando el hecho, decía:

"Varias comisiones parlamentarias, a escala federal y regional, buscan desde hace meses las razones que llevaron al fracaso flagrante de los servicios secretos, algunos de los cuales destruyeron documentos importantes, para resolver este caso, aún después de que el escándalo había salido a la luz [...] Sigue sin estar claro cuánto hicieron los servicios secretos germanos para evitar la serie de asesinatos, hasta qué punto propiciaron las operaciones delictivas de estos neonazis y qué tanta protección les dieron a los extremistas de derecha. Según el semanario germánico *Der Spiegel*, la Oficina Federal para la Protección de la Constitución intervino varias veces en los años noventa para evitar que informantes de ultraderecha fueran procesados penalmente".

En mayo del 2013, comenzó el juicio de Beate Zschäpe, la única sobreviviente del trío que, se supone, asesinó a los nueve extranjeros y a una policía alemana.

El abogado defensor de la terrorista nazi de treinta y ocho años es Wolfgang Heer, quien además de procurar hacer caer los cargos por los diez asesinatos, debe deslindar a su clienta de las acusaciones de dos atentados xenófobos con bombas y de quince asaltos a mano armada. Juan Gómez, corresponsal en Berlín del diario *El País*, pasa revista al resto de los cómplices que deberán enfrentar al tribunal:

"Además de Zschäpe están acusados cuatro presuntos colaboradores del trío asesino: Ralf Wohlleben, Holger Gerlach, Carsten Schultze y André Emiger [...] Wohlleben es un conocido neonazi de Turingia que militó en el partido ultra NPD. Se sabe que mantuvo algún tipo de contacto con los servicios secretos internos alemanes, aunque no consta si estuvo en nómina como confidente. Los servicios secretos han destruido en los últimos años copiosa documentación relativa a los crímenes del trío ultraderechista y también de sus colaboradores".

La connivencia del movimiento con aquellos que se supone deben preservar las normas democráticas resulta, sin duda, escalofriante.

Un antecedente: el partido de Frey

El 19 de febrero de 2013, en su casa de Gräfelfing, cerca de Munich, murió Gerhard Frey, un millonario bávaro que desde muy joven se había dedicado a defender el ideario neonazi desde el periodismo. Primero lo hizo como redactor del *Deutsche Soldatenzeitung* y luego como editor del mismo periódico, al que rebautizó *Deutsche National-Zeitung*.

No le resultó sencillo a Frey fundar el partido de ultraderecha que imaginaba, al menos en los primeros años de la década de los 70, cuando Europa aún vivía la bonanza económica del Estado de Bienestar. Por esos años, apenas pudo darle forma a una fundación, a la que bautizó Unión del Pueblo Alemán (Deutsche Volksunion); ella sería el germen de su futura organización política.

Desde sus oficinas en Munich, el millonario bávaro, dedicado fundamentalmente a los negocios inmobiliarios, observaba la incapacidad del NPD para generar apoyo entre la población, y juzgaba que la línea política de los dirigentes de ese partido no era lo suficientemente radical como para convocar la atención de los alemanes.

Frey estaba más a la derecha, y aspiraba a demostrar que eso era lo que reclamaba la sociedad germana, aturdida, a su juicio, por un consumismo venal.

A finales de la década de los 70, la crisis del petróleo que se descargó sobre Estados Unidos y Europa, le puso punto final al gran proyecto politicoeconómico que los europeos habían gestado poco después de terminada la Segunda Guerra Mundial.

Comenzaban los años 80, y los triunfos electorales de Margaret Thatcher en Inglaterra y de Ronald Reagan en Estados Unidos trajeron de la mano a un nuevo protagonista en el escenario mundial: el neoconservadurismo.

Las finanzas ocuparían el lugar que hasta entonces le había correspondido a la producción de bienes, y Frey leyó correctamente la deriva económica que se avecinaba.

Así, en 1987, la Unión del Pueblo Alemán, o la DVU, como se lo conocería popularmente, se transformó en un nuevo partido neonazi. La Perestroika soviética y las revueltas en los astilleros polacos de Gdansk preanunciaban, a juicio de Frey, una reunificación alemana que dejaría al sector oriental convertido en campo fértil para la prédica ultranacionalista.

Y todo ello ocurrió.

Un rumor se hace ruido

En 1989 se materializó, efectivamente, la reunificación alemana, con fuertes reformas políticas y económicas y una migración masiva de habitantes de la antigua República Democrática Alemana hacia la República Federal de Alemania. Así, se generó en lo que fuera parte del bloque comunista una inestabilidad social de proporciones.

Había sonado la hora de que la flamante creación del millonario bávaro hiciese oír fuerte su voz y midiera fuerzas en la arena electoral. La antigua República Democrática era el territorio apropiado para colar el ideario ultranacionalista.

Las elecciones que se llevarían a cabo en 1990 debían ser las que confirmarían o no el análisis político que había hecho Gerhard Frey. Y la respuesta no se hizo esperar. Tras el recuento de votos, Alemania entera se sorprendió ante la noticia de que la DVU se había alzado con 12.9% de los votos en Sajonia-Anhalt, lo que representaba dieciséis importantes asientos en el Parlamento local.

Aquella *performance* electoral sin precedentes para un partido chico de reciente formación, y que además llegaba al electorado con un conocido discurso xenófobo, anticapitalista, antiliberal, pero también anticomunista, fue una poderosa señal de que el ideario neonazi tenía capacidad para captar la voluntad política de una parte de la sociedad alemana.

Empero, la DVA también corría con una serie de desventajas: toda la financiación con que podía contar provenía de los fondos que Frey le aportaba a su "criatura". También, desde su presentación en sociedad, el partido fue atentamente vigilado por los servicios secretos e infiltrado muy tempranamente; aunque, como vimos, eso no es garantía de nada.

Gerhard Frey sabía que era imperioso lograr una alianza con el NPD, para que ambas formaciones se fortalecieran. Pero no pudo ser, al menos hasta después de 2009, cuando su fundador dejó de presidir el partido.

Con todo, aunque sin guarismos tan alentadores, la DVA logró, en 2004, 6.2% de los votos para el Parlamento regional de Brandenburgo, 1% más que las elecciones anteriores. En 2007, obtuvo 2.7% en Bremen y 5.3% en Bremenhaven.

Pero más allá de las *performances* electorales, y de las evidentes debilidades con que la Unión del Pueblo Alemán había nacido y que la llevarían a ser virtualmente absorbida por el NPD en 2010, la experiencia del millonario bávaro fue la primera demostración contundente de que los neonazis habían llegado a Europa para quedarse.

En las tierras del Duce

Italia es, sin dudas, uno de los países europeos con más ofertas de partidos de ultraderecha. Partidos que a la hora de la contienda electoral –y esto también los hace distintos– no le rehúyen al pragmatismo, si de formar frentes electorales se trata.

Para las elecciones de candidatos a diputados del Parlamento Europeo, en 2004, el frente Alternativa Sociale, integrado por Libertà di Azione, liderado por Alessandra Mussolni; Fronte Sociale Nazionale; Fiamma Tricolore y Forza Nuova, obtuvo trescientos noventa y ocho mil votos y logró un escaño para la nieta del Duce. Sin embargo, no todos los miembros coinciden plenamente en sus propuestas. Veamos algunas de ellas.

Libertà di Azione, que se transformó luego en Azione Sociale, fundado y conducido por Alessandra Mussolini, es un partido conservador, antes que nada, y nacionalista por extensión. Su plataforma política reivindica la tradición, la identidad y la cultura étnica. También la familia tradicional como núcleo de la sociedad. Para ellos, ésos son los pilares sobre los que debe asentarse cualquier país para favorecer el progreso y el crecimiento. El nacionalismo, para este modelo conservador y profundamente anticomunista, deriva de la defensa de la identidad y la cultura propia más profunda. Lo extranjero, entonces, vendría a corromper dicha identidad.

La líder de Azione Sociale reivindica el modelo político implementado en Italia por su abuelo, pero curiosamente, al mismo tiempo, apoya los derechos de los homosexuales, el aborto y la inseminación artificial, algo que los fascistas radicales abominan, pero que puede ampliarle una base de aceptación.

Para las elecciones del año 2008, Alessandra Mussolini concretó una alianza con Silvio Berlusconi, y el partido de la nieta del Duce se convirtió en una fracción del Popolo della Libertà, el frente que llevó a "Il Cavaliere" a la conducción del gobierno y a Mussolini a una banca de diputados.

Fiamma Tricolore (Movimento Sociale Fiamma Tricolore), en cambio, llegó a la política italiana precedido de innegables lauros fascistas. Sus fundadores constituían el ala más radicalizada del Movimiento Social Italiano, creado en 1946 por partidarios y compañeros de ruta del mismísimo Benito Mussolini.

Fiamma Tricolore, en tanto heredero político de Repubblica Sociale Italiana (RSI), el partido del Duce, se considera el único partido italiano que representa cabal y genuinamente al fascismo original. Anticapitalista y anticomunista, se ubica políticamente en una Tercera Posición frente a lo que fueron los "dos imperialismos". Brega por una Italia unida, sin regionalismos, y descree de la democracia liberal.

Nacionalista a ultranza (y, por lo tanto, euroescéptico), el partido conducido hasta 2002 por Giusseppe Umberto "Pino" Rauti ha conservado siempre una posición inflexible respecto de sus principios, pese a haber integrado distintos frentes electorales.

Rauti, el conductor histórico que abandonó Fiamma en 2002 para formar dos años más tarde el Movimento Sociale Idea, es uno de los neofascistas más perseverantes y reconocidos de Italia. Periodista de profesión, sus artículos en la revista *Il Desafío*, en la que trabajó desde 1948, permitieron conocer en profundidad el pensamiento del filósofo Massimo Scaliger, y más específicamente el de uno de los hombres que, desde la filosofía, más profundizó en las razones ideológicas del nacionalsocialismo: Julius Evola.

El tercer integrante de la coalición, el Fronte Sociale Nazionale, fue, en realidad, un desprendimiento de Fiamma que acabó disolviéndose antes de las elecciones de 2006. Sus postulados no diferían demasiado de los proclamados por el partido del que se separaron, y la escisión fue producto mucho más de controversias personales entre los dirigentes que de diferencias programáticas.

El cuarto socio del frente que lideró Alessandra Mussolini, es, sin dudas, el más interesante ideológicamente como representación neofascista.

Fundado en 1997 por Roberto Fiore y Massimo Morsello, Forza Nuova ha desarrollado toda su plataforma política alrededor de las ideas de Julius Evola y se asume como el mayor representante del catolicismo tradicionalista, algo que ni el propio Duce reivindicaba (Mussolini se consideraba a sí mismo como un ateo).

En tanto católico tradicionalista, el partido se opone al aborto, a cualquier tipo de derechos para los homosexuales y, desde luego, a la inseminación artificial. Está en contra del divorcio y exige la restauración de los Tratados de Letrán, firmados por Mussolini en 1929, en los que se oficializa el reconocimiento mutuo entre la Santa Sede y el Reino de Italia, y se proclama la soberanía de la Santa Sede creando el Estado Vaticano.

Esos tratados, que el Duce firmó con el Papa por conveniencia política, fueron revisados por el Parlamento italiano en 1984, y se derogó el artículo en el que se proclama al catolicismo como religión de Estado. Éste es uno de los puntos que pretende reponer Forza Nuova.

Desde un conservadurismo católico refutado incluso por la propia Iglesia, el partido de Fiore y Morsello se opone a casi todas las reformas instauradas por el Concilio Vaticano II y a la Reforma Litúrgica de Pablo VI. Ellos sí resultan, literalmente, "más papistas que el Papa".

Un reconocido ideólogo

El barón Giulio Césare Andréa Evola (Julius, por su admiración a la Roma antigua) es el filósofo sobre cuyo pensamiento Forza Nuova levantó buena parte de su plataforma politicoideológica.

Miembro de una familia aristocrática de Sicilia y profundo conocedor de las obras de Nietzsche, Michelstaedter y de Weininger, Evola publicó en 1934 un libro que generó una enorme polémica entre la intelectualidad de entonces, y que se traduce como *Rebelión contra el Mundo Moderno*.

Allí, el hombre que había transitado el esoterismo y escrito sobre la tradición hermética, postulaba que, contra la modernidad, sería el mundo de la Tradición el que salvaría al hombre de su propia destrucción. El imperio, la realeza, las castas, la virilidad espiritual, la iniciación en lo sagrado, la caballería eran para Evola las columnas sobre las que debía apoyarse la sociedad por él propuesta.

Ese Mundo Moderno, al que responsabilizaba de los padecimientos de la raza humana, había transitado por tres etapas en las que confrontaron tradición-antitradición; nacionalismo-colectivismo y americanismo-bolcheviquismo. El triunfo sucesivo de las segundas partes del antagonismo era responsable de la decadencia, según afirmaba el autor.

Curiosamente enfrentado con el fascismo gobernante desde 1928, cuando salió a la venta *Imperialismo pagano*, una obra profundamente anticristiana que irritó a un Mussolini que en ese momento negociaba acuerdos con la Iglesia, Evola volvería a chocar con el poder fascista en 1941, al publicar *Síntesis y doctrina de la raza.* Allí, a contramano de la postura biologista del partido gobernante, el filósofo apoyaba el concepto de las razas del espíritu.

En otro de sus libros fundamentales, *Más allá del fascismo*, el autor definía, ahora con precisión, el tipo de Estado al que él aspiraba. Un régimen que sí sería exactamente un fascismo:

"Podemos indicar, para resumir, los rasgos más importantes del tipo de Estado y de Régimen que podría definirse hablando de un moviemiento de carácter 'fascista'; un movimiento que superaría, en una dirección resueltamente orientada hacia la Derecha, las diversas dudas y confusiones precedentes [...] Una toma de posición precisa contra toda forma de democracia y de socialismo es la primera característica del Estado del que hablamos. Pondría fin a la infatuación estúpida, a la dejadez y a la hipocresía de todos los que no tienen hoy en la boca más que la palabra *democracia*, que proclaman la democracia, que exaltan la democracia. Esto no es más que un fenómeno regresivo y crepuscular".

La obra, publicada en 1970, muchos años después de la caída del fascismo italiano al que Evola criticó en varios sentidos, en particular por sus rasgos plebeyos y por apartarse del mundo de las tradiciones, propone un régimen monárquico que sea capaz, sin embargo, de rescatar aspectos autoritarios del fascismo:

"La monarquía no es incompatible con una 'dictadura legal', según la expresión del derecho romano. El soberano puede confiar poderes excepcionales y unitarios a una persona de estatura y cualificación particulares, siempre sobre una base lealista, cuando sea preciso superar situaciones especiales".

Para Julius Evola, prácticas como la de la "democracia burguesa" o como la del "Estado de derecho" no son más que cepos que se le colocan al Estado para sumirlo en la impotencia. Conflictos sociales, como pueden ser las huelgas, las manifestaciones callejeras, etc., no pueden ser reprimidos "convenientemente" si el Estado debe respetar los derechos de manifestantes y huelguistas a expresar sus reclamos.

Dice, entonces:

"Se puede aceptar la fórmula del 'constitucionalismo autoritario'. Implica la suspensión del fetichismo y de la mitología del 'Estado soberano de Derecho'. El Derecho no nace de la nada, dispuesto a servir y con caracteres eternamente inmutables y válidos. Hay una relación de fuerzas en el origen de todo derecho. Este poder que está en el origen de todo derecho puede intervenir suspendiendo y modificando las estructuras en vigor, cuando la situación lo exija…".

Evola fue, sin dudas, uno de los teóricos de (ultra) derecha más atrevidos en la formulación de su Estado ideal. El gobierno de Benito Mussolini le ofreció un modelo que, como hicieron otros, pudo haber aceptado. No era exactamente lo que él ambicionaba, pero sí tenía muchas coincidencias. Sin embargo, nunca procuró caerle en gracia ni al Duce ni al partido de Gobierno. Como buen ultramonárquico, había en el fascismo características que no podía aceptar.

En uno de sus párrafos más elocuentes dice:

"No es el contrato, son las relaciones de fidelidad y de obediencia, de libre subordinación y de honor las que sirven de fundamento al Estado verdadero. Ello ignora la demagogia y el populismo".

Coincidía, en cambio, con el régimen instaurado por Mussolini en la forma institucional que debía tener ese Estado ideal:

"El Estado verdadero no conoce el sistema de la democracia parlamentaria y el régimen de los partidos. No puede admitir más que representaciones corporativas diferentes y articuladas en función de una Cámara de Base o Cámara Corporativa. Por encima, como instancia supraordenadora garante de la preeminencia del principio político y de los fines superiores, ni materiales ni inmediatos, habrá una Cámara Alta".

Evola rechazaba de plano la noción de *sufragio universal*. Sostenía que la idea de "politizar a las masas" era aberrante, en tanto y en cuanto no son las masas las que deben ocuparse de la política, sino una elite, similar a la de los nobles en su momento, capaz de comprender e interpretar los verdaderos intereses de la nación.

Forza Nuova, pues, es hoy en Italia el partido político que ha recogido la herencia ideológica de un pensador que definía a la "derecha" como una instancia superadora del liberalismo y del marxismo.

Del fascismo italiano y del nazismo rescataba los principios jerárquicos como ordenadores de una sociedad. Principios que no fueron creados por Hitler ni por Mussolini, sino que son obra de la más antigua tradición europea.

Evola creía, y Forza Nuova lo pregona, que ambos regímenes, fascismo y nazismo, se derrumbaron por obra, precisamente, de los elementos de la modernidad que adoptaron, tales como el materialismo, la demagogia y el racismo.

Italia y Alemania, en resumen, recogen viejos estandartes y se echan a andar con ellos, sobre las ruinas de una organización política que no se decide a desafiar los dictámenes de los centros financieros internacionales. Y la senda, además de peligrosa, tiene un final anunciado.

Capítulo 4
En la huella de Franco

"Hay setecientos mil españoles en paro forzoso;
hay setecientos mil españoles que comen de milagro.
¿Cómo pueden haber Parlamento, Gobierno ni partidos
que vivan en paz mientras esa trágica llaga sigue
abierta al costado de nuestro pueblo?"
José Antonio Primo de Rivera, en 1935

Muchos españoles guardan aún el recuerdo de la amarga y feroz dictadura franquista. A la muerte del tirano, en 1975, esa España que había pasado del fascismo a un gobierno manejado por la derecha católica del Opus Dei, y desde allí a una dictadura liberal, mostraba el rostro ajado del atraso cultural que le habían dejado como herencia cuarenta y cinco años de tiranía.

El proceso de transición democrática y luego las sucesivas administraciones republicanas, junto con la pertenecía del país a la Unión Europea, parecieron haber dejado atrás aquel retraso y, también, cierta nostalgia que una parte de la sociedad mantuvo por los tiempos del Generalísimo. Pero ello no habría de durar.

El esqueleto fascista

La España moderna que se abrió al mundo y a los derechos de los ciudadanos, y que allá por los años 90 ostentaba pretensiones de potencia europea, escondía, sin embargo, bajo sus pliegues las rémoras de un franquismo, en muchos aspectos, insepulto.

El Reino de España, que había sido incapaz de modernizar y hacer eficiente su estructura productiva, se sujetaba a una moneda única, el euro, que le exigía renunciar a su política monetaria, y seguía sin encontrar consensos políticos para juzgar los crímenes cometidos bajo el gobierno de Franco.

Le había abierto la puerta al neoliberalismo, sin poder remover aún los escombros del fascismo.

En el año 2008, la crisis economicofinanciera que se desató sobre el territorio europeo golpeó muy rápidamente y muy fuerte a España. Para recapitalizar a los bancos, el Estado contrajo una deuda externa muy alta y debió recurrir a nuevos préstamos para refinanciarla. Y la exigencia que le impuso la *troika* gobernante europea (Comisión Europea-Fondo Monetario Internacional-Banco Central Europeo) fue la de proceder a un fuerte ajuste fiscal.

Con una economía en declive y un Estado que achica gastos y despide personal, los resultados eran los previsibles: aumento del desempleo y caída abrupta del consumo de la población.

Como un segundo elemento, no menos dramático, comenzó el drama masivo de lo que los españoles llaman *desahucio*, o sea, el desalojo de las casas hipotecadas de aquellos dueños que ya no podían afrontar las cuotas correspondientes. A mediados de 2012, más de seis millones de trabajadores estaban inscritos ya en el paro; algo así como 26% de la población económicamente activa.

Con ese telón de fondo, las organizaciones de ultraderecha, que hasta la crisis no habían tenido una fuerte impronta política, comenzaron a ganar adeptos a partir de acciones específicas: reparto de comida, asesoramiento legal para suspender temporariamente los desahucios y habitaciones disponibles para quienes no pudieron evitar el desalojo.

Respaldados por organizaciones hermanas de otros países europeos, como la griega Amanecer Dorado o el Frente Nacional de Francia, que lidera Jean-Marie Le Pen, dos partidos neonazis se preparan hoy para disputar representación política a nivel nacional en España. Ambos son, de momento, regionales, pero nada asegura que no extiendan su influencia al resto del país: España 2000, en Valencia, ya ha ubicado cinco concejales en distintos ayuntamientos de la provincia; Plataforma per Catalunya tiene sesenta y siete ediles en la región.

Y el esqueleto se dibujó una vez más por sobre la carne magra y la débil piel.

Un ciudadano particular

España 2000 nació en junio de 2002, luego de haber atravesado las elecciones del año 2000 con el nombre de Plataforma 2000. Su líder indiscutido es el abogado José Luis Roberto, uno de los dueños del bufete de abogados penalistas Roberto & Salazar abogados, que cuenta con más de treinta profesionales. Roberto es también el propietario de la agencia de seguridad Levantina, que en 2012 obtuvo contratos del Gobierno español por ocho millones de euros, según una investigación periodística del llamado Equipo de Investigación.

Pero este hombre calvo y rengo, de mirada amable y palabras firmes, fue hasta enero de 2011 responsable de los servicios jurídicos de ANELA (Asociación Nacional de Empresarios de Locales de Alterne), la asociación que agrupa a los dueños de prostíbulos en España y que, contrariamente al discurso anti-inmigrantes de Roberto, contrata en forma mayoritaria a mujeres extranjeras.

En el año 2004, el diario *ABC* dio cuenta de una de las sofisticadas piruetas verbales con que Roberto suele hacer compatibilizar el ultranacionalismo xenófobo de su partido con la buena marcha de sus negocios.

Decía el periódico:

"El responsable de los servicios jurídicos de la Asociación Nacional de Empresarios de Locales de Alterne, José Luis Roberto, pidió ayer al Gobierno que las prostitutas extranjeras puedan darse de alta como autónomas en la Seguridad Social, como vía para acceder a su regulación en España. Roberto aclaró que hace esta petición al Ejecutivo debido a que las prostitutas inmigrantes ilegales no podrán beneficiarse de la regularización anunciada, ya que en España es ilegal la contratación de prostitutas sean españolas o extranjeras".

Hasta allí, era el empresario que merca con el cuerpo de las mujeres inmigrantes el que hablaba. Pero, en el último párrafo de la noticia, el *ABC* agrega:

"De otro lado, calificó de 'barbaridad' que el Gobierno quiera 'premiar' al empresariado que ha contratado a inmigrantes irregulares".

Ahora ya era el xenófobo líder de España 2000 el que alzaba su consigna. Y todo en un solo movimiento. Pero al partido no le ha ido mal, con la férrea conducción de José Luis Roberto. A diferencia de otros grupos neofascistas, España 2000 jamás ha tenido problemas de financiación. Con sedes en Alcalá de Henares y en Almansa, su influyente política municipal se ha extendido más allá de Valencia. En la elecciones de 2011, obtuvo un concejal en Alcalá de Henares, en Madrid, otro concejal en Onda, en Castellón y tres en Valencia; uno en Dos Aguas y dos en Silla.

Los dineros de Roberto y de sus empresarios amigos fluyen hacia las arcas partidarias permitiéndole a España 2000 no sólo repartir alimentos para los más necesitados, previa comprobación —documento en mano— de que son españoles puros, sino mantener su Hogar Social Patriota, en el que albergan a desalojados y alimentan y proveen de ropa a los vecinos de la zona.

Ideológicamente el partido se define como socialpatriota, defensor de la identidad nacional y enemigo de la inmigración. Entre sus consignas favoritas se destacan: "Con seis millones de parados sobran seis millones de inmigrantes" y "El Islam es incompatible con Europa". Proponen además "Una banca pública al servicio de los españoles".

Alguno de los puntos (son diez básicos) que proponen para salir de la crisis son:

+ Reformar la Ley de Extranjería. "Hay siete millones de inmigrantes de los que la mitad nunca podrán ser absorbidos por el mercado de trabajo: sus países deben hacerse cargo de ellos…".

+ Situar a los españoles primero.

+ Renegociar el acuerdo de adhesión a la Unión Europea, lo que en verdad es una forma de esconder su decidida oposición al bloque regional.

✦ Salir de la OTAN y defender "nuestro modo de vida".

Su rama juvenil es Juventud Nacional, y suele hacer foco en combatir a los homosexuales, a los que les han propinado salvajes palizas toda vez que han podido.

Con visión de futuro

Josef Anglada es un hombre delgado, de pelo entrecano y sonrisa de actor de Hollywood. Viste trajes de excelente calidad y modera al extremo su discurso cuando hay periodistas cerca. Sabe que su partido, Plataforma per Catalunya, que fundó en 2001, no puede aparecer ante los españoles como la organización neofascista que es.

Con el mismo tiempo de vida que España 2000, PxC (como se lo conoce vulgarmente en España) cuenta con sesenta y siete concejales en distintos municipios catalanes, a diferencia del partido de don Roberto, que, como dijimos, no ha podido sumar más que media decena.

Anglada y su partido han concentrado su artillería política en lograr la expulsión de los inmigrantes de España. Fundamentalmente disparan contra los musulmanes, a los que responsabiliza en primer término por la pérdida de empleo de los españoles.

Pero Josef Anglada no pierde las formas. En 2002, el Canal Nou, la televisora pública de la comunidad valenciana, introdujo una cámara oculta en el despacho del líder de PxC. En la grabación se le escuchó decirle a su interlocutor:

"Cuando yo me enfrento a los medios de comunicación tengo que ser el primer demócrata que hay en este país para ganarme a la gente. Lo que no puedo es salir y gritar '¡Vamos a matar a todos los moros!' ¡No! Esto no".

Anglada reconoce su simpatía por los "cabeza rapada", pero se cuida bien de manifestarse públicamente a favor de ellos. En todo caso, les sonríe con complacencia.

Como su líder, Plataforma per Catalunya no acepta que se lo defina como un partido xenófobo y racista. Se titula populista y nacionalista; defensor de la tradiciones y de la identidad española. Como otras organizaciones de similar raíz ideológica, PxC se define contrario a la Unión Europea y al liberalismo burgués. Sus miembros se consideran igualmente anticapitalistas y anticomunistas. Asumen esa ambigua Tercera Posición que al menos en tiempos de la Guerra Fría guardaba algún correlato con la realidad.

Tanto como España 2000, PxC mantiene estrechos vínculos con organizaciones de extrema derecha de otros países europeos. Tal es el caso de la Lega Nord (Liga Norte), de Italia, y Vlaams Belang, de Bélgica, las que fueron invitadas a participar en el Congreso realizado en 2008 por el partido catalán.

En 2012, y con la profundización de la crisis económica en España como aliada fundamental, el partido de Anglada comenzó a recorrer el camino que, según pronósticos de su líder, habrá de convertirlo en una organización política con inserción en todo el país. Por cierto, ya cuenta con estructuras partidarias en Andalucía, Madrid, Asturias, Galicia y Castilla-León. La agrupación pasará a llamarse entonces Plataforma por la Libertad.

El lanzamiento del proyecto nacional tuvo lugar en Sant Boi, Barcelona, en abril de 2012. Allí, Josef Anglada cerró el acto anunciando lo que será la hoja de ruta de su partido para los años por venir:

"El trabajo que comenzamos hoy tendrá reflejo positivo en las elecciones europeas de 2014 y en la municipales y generales de 2015, amén de que en 2014, Plataforma per Catalunya entrará en el Parlament catalán. Evidentemente esto va a suponer un terremoto político que cambiará la situación de la vida política española".

Ser y no parecer

Aitor Hernández-Carr es un investigador de la Universidad Autónoma de Barcelona, y dedicó su tesis doctoral (que citaremos reiteradamente, por reciente y acertada) al análisis de un fenómeno que desde los años 80 ha comenzado a instalarse en Europa, como es el crecimiento de lo que autor denomina "partidos de derecha radical populista", diferentes de la extrema derecha tradicional. Y en particular, estudia el crecimiento y desarrollo de PxC en ese escenario.

Un primer elemento que el autor destaca para comprender el posicionamiento del partido de Anglada es que Plataforma per Catalunya:

"Está consiguiendo lo que ningún partido de la extrema derecha española ha conseguido hasta el momento: que votantes que no se consideran de extrema derecha voten a una formación que puede ser clasificada como tal...".

Este fenómeno, curioso en términos políticos, no es, sin embargo, propiedad exclusiva de PxC. La novedad se replica en la mayoría de los partidos de derecha radical populista de Europa. El logro del partido de Anglada (y que no ha alcanzado aún España 2000, por ejemplo) es haber sintonizado con dicha tendencia.

El investigador catalán subraya un dato insoslayable a la hora de procurar comprender la conducta del electorado: varios de sus líderes distritales habían desarrollado toda su experiencia política lejos de la extrema derecha en sus respectivos territorios: August Armengol en El Vendrell; Mateu Figuerola en Cervera; e incluso el propio Anglada era visto como tal en Vic.

Otro elemento distintivo (que comparte con toda la derecha radical populista europea) es desmarcarse de la institucionalidad política tradicional.

Dice el investigador catalán:

"Plataforma per Catalunya es una formación política que, al igual que suelen hacer los partidos de derecha radical populistas europeos, rechaza adscribirse a la izquierda o a la derecha del espectro político. Asimismo, busca distanciarse de la etiqueta de *partido político*, autodefiniéndose como una 'plataforma del sentido común' nacida de la 'iniciativa popular'....".

Desde luego, si bien Anglada se muestra como un emergente de las necesidades populares a las que los partidos tradicionales "les dan la espalda", el líder del PxC tiene una larga trayectoria dentro de la extrema derecha tradicional española y sus vínculos con esas organizaciones siguen existiendo. Todo lo cual, según apunta Hernández-Carr, favorece el crecimiento de Plataforma per Catalunya, en la medida en que buena parte de la dirigencia tradicional de la ultraderecha ha pasado a integrar organizaciones radicales populistas, cautivada por el éxito de estas últimas.

Esa pretendida equidistancia entre derecha e izquierda y el no asumirse como partido político en tanto tal le han permitido a PxC una cosecha variopinta.

Y subraya el mencionado autor:

"El partido ha conseguido atraer también a gente que ha militado previamente en partidos políticos catalanes mayoritarios y a personas procedentes de diferentes ámbitos sociales, como sindicatos y asociaciones de vecinos [...] Éste es un perfil activamente buscado por el partido, y es de gran relevancia a la hora de comprender la aceptación y el arraigo conseguido por la formación en determinados municipios".

Agua para el molino fascista

El trabajo que Aitor Hernández-Carr ha llevado a cabo para elaborar su tesis doctoral (no es la primera vez que se introduce en la materia) es de un valor superlativo para comprender no sólo el nuevo fenómeno político que crece en buena parte de Europa, sino también para rastrear las características, flamantes y diferentes, que hoy exhiben los votantes al momento de tener que elegir partidos y candidatos que los representen.

La demanda política y su consecuente oferta son para el investigador, y para quienes procuran desentrañar la nueva lógica electoral, los dos ángulos desde los que se debe analizar la problemática.

Desde el punto de vista de la demanda, el autor recuerda:

"Pietro Ignazi (en 2003) ha señalado que la emergencia de gran parte de la formaciones de derecha radical a nivel europeo vino precedida de un importante descenso en la valoración que la población hacía del sistema político y de sus representantes. Este alejamiento crítico respecto de los partidos tradicionales habría dejado 'libre', o disponible, a suficiente población como para permitir la emergencia de nuevas formaciones y habría posibilitado el rédito electoral de un discurso *antiestablishment*, como el de la formaciones de derecha radical populista".

Todo esto, desde luego, de la mano de sensaciones generalizadas en sectores medios de las sociedades europeas, como el aumento constante de una inmigración que captura puestos de trabajo y también de un creciente clima de inseguridad callejera, producto de ilegales desempleados o inadaptados.

La crisis económica que asuela a Europa desde 2008, pero que viene precedida del vendaval neoconservador que arrasó al Estado de Bienestar, ha degradado considerablemente el paraguas social con que contaban los europeos hasta mediados de los años 80.

Ese deterioro en los servicios de salud, educación, cobertura por desempleo, etc., es atribuido por la ultraderecha radical a la "inmigración descontrolada", que usa y abusa de esos servicios.

Los partidos tradicionales, incluida la socialdemocracia, colonizados por el modelo economicopolítico y el discurso neoliberal, al carecer de espacio argumental para contrarrestar la prédica de la ultraderecha, deben limitarse a "dejar correr" las consignas antiinmigratorias.

Volvamos ahora a Hernández-Carr, y al otro costado de la problemática:

"Por lo que respecta a las actitudes hacia el sistema político y sus representantes, nos encontramos frente a un progresivo crecimiento en la desafectación política de la ciudadanía española. Esa desafectación no implica un cuestionamiento a la democracia como sistema político, sino una insatisfacción con su funcionamiento y, especialmente, un distanciamiento crítico respecto de los 'actores' del sistema".

Respecto de la inmigración, y en el caso de España particularmente, no sólo crece el rechazo a la llegada de extranjeros en general, sino a la de origen musulmán en particular. Y ello acaso por largos siglos de historia remota y por las fuertes raíces que ha echado el catolicismo en la Península, como prenda de identificación y unión durante siglos. Con todo, y en la medida en que el inconformismo social apunta sobre partidos y dirigentes, y no sobre el sistema político mismo, el desafío para las ultraderechas radicales consiste en lograr una pátina (lo suficientemente creíble para la población) de que juegan dentro de las reglas democráticas que el sistema exige.

He ahí uno de los mayores esfuerzos que hacen Plataforma per Catalunya y su líder:

"PxC trata de presentarse como una formación 'moderna', respetuosa del sistema democrático y, en consecuencia, alejada de la tradicional extrema derecha española. Paralelamente, el partido ha desarrollado una intensa actividad política en determinados municipios, lo que le ha permitido un contacto directo con los vecinos y un cierto 'enraizamiento' en el contexto sociopolítico de los mismos".

Otro elemento que el trabajo de Hernández-Carr pone sobre la mesa, y que muestra el olfato político de esta nueva ultraderecha europea, es la construcción del discurso antiinmigrante.

Históricamente, nazis y fascistas iban a la caza del inmigrante a partir de la "legitimidad" que les otorgaba la superioridad racial. La raza superior tenía el derecho de librarse o de someter a quienes eran racialmente inferiores.

Los nuevos partidos de ultraderecha radical populista modificaron el ángulo de tiro para mostrarse más civilizados, modernos, amplios y democráticos. La lucha contra el inmigrante es ahora, más bien, contra el extranjero, y las razones que se esgrimen evitan referirse a la superioridad de raza. Se habla de diferencias culturales, de competencia desleal en el terreno comercial, de captura de puestos de trabajo que deberían ser para los nacionales, de pérdida en la calidad educativa, de dilapidación en los recursos fiscales y de inseguridad callejera.

Desde luego que la ultraderecha radical populista europea difícilmente hubiese podido crecer como lo ha hecho de no haber mediado ciertas condiciones objetivas, tanto económicas como políticas.

La caída en la calidad de vida de las poblaciones de Europa, el creciente nivel de desempleo, la amenaza de la pérdida de trabajo, la degradación de los servicios sociales, etc., han funcionado como una gigantesca barrera para la comunicación cara a cara entre los políticos de los partidos tradicionales y sus pueblos. Pero no ocurre esto con los neonazis.

Sus actividades sociales, como el reparto de alimentos, la provisión de techos para los desahuciados, la asistencia legal gratuita, etc., les otorga la posibilidad del vínculo directo con el vecindario, generando redes de empatía que luego transforman en votos.

Es cierto que dicha tarea es mucho más fácil en localidades pequeñas que en grandes centros urbanos, pero cuando logran repercusión mediática también concitan la simpatía de aquellos a quienes no llegan con su militancia callejera.

Capítulo 5
¿LIBERTAD, IGUALDAD, FRATERNIDAD?

"Los Juegos Olímpicos muestran claras desigualdades entre las razas blanca y negra en cuanto a, por ejemplo, los atletas, y los corredores en particular. Es un hecho. Constato lo que veo. El igualitarismo es simplemente absurdo".

Jean-Marie Le Pen

En 1997, Jean-Marie Le Pen le contestó a un periodista de la revista *Bretons*, cuando éste lo interrogó acerca de los crímenes del nazismo en Alemania:

"Si tomas un libro de mil páginas sobre la Segunda Guerra Mundial, en la que murieron cincuenta millones de personas, los campos de concentración ocupan dos páginas y las cámaras de gas diez o quince líneas, y eso es lo que llamamos un detalle".

Diez años antes le había respondido a un cronista de *L'Heure de Vérité* respecto de los afectados por el sida:

"[El enfermo] es contagioso por su traspiración, su saliva y su contacto. Es una especie de leproso".

Con sus modernos anteojos de carey, su sonrisa arrogante y sus meditadas provocaciones, Jean-Marie Le Pen fue, hasta su retiro en 2011, cuando abandonó la conducción del FN (Front National), una verdadera pesadilla para los políticos franceses tradicionales.

Un ejemplar ciudadano francés

Doctorado en Ciencias Políticas y Derecho, el hombre, que nació en un pequeño puerto bretón, en el seno de una humilde familia de pescadores y que llegó a amasar una enorme fortuna, fue uno de los más fervorosos defensores de la política colonial que Francia desplegó con ahínco en las primeras seis décadas del siglo XX. Estuvo en Indochina, en Suez y en Argelia como integrante del temible cuerpo de paracaidistas franceses y regresó a su patria condecorado por sus "hazañas".

En 1956, Le Pen ya era diputado nacional por París y, en 1972, tras una larga recorrida por varios partidos, decidió fundar el suyo, el Front National pour l'Unité Française (luego rebautizado como Front National). La nueva organización, enrolada en la ultraderecha neonazi, albergaba desde su nacimiento a personajes como François Duprat, que introdujo el negacionismo (de los crímenes nazis) en Francia; el ex colaboracionista Roland Gaucher; Jacques Bompard, miembro de la banda paramilitar OAS (la célebre Organisation de l'Armée Secrète), dedicada a cazar y torturar a militantes de izquierda durante la guerra de Argelia. Se dijo que el propio Le Pen había asistido por entonces a las sesiones de tormento, aunque nunca pudo probarse.

En 1979, cinco años después de que el FN se presentara por primera vez a competir en elecciones presidenciales obteniendo un magro 0.74% de los votos, el partido de Le Pen comenzó su lento pero sostenido camino de reconocimiento popular.

El gran temblor comienza

Aquel último año de la década de los 70 se produjo la segunda gran crisis del petróleo y, conjuntamente con el descomunal aumento del precio del crudo, Europa entraba en un prolongado periodo de recesión económica que llegaría hasta los primeros años de la década de los 80.

La crisis motorizó postulados como el proteccionismo, el nacionalismo y la xenofobia, principios que el Front National levantaba desde su fundación.

En 1984, en la elección para el Parlamento Europeo, el partido de Le Pen se alzó con un sorprendente 10% de los sufragios, lo que le valió un escaño a su líder.

Dos años más tarde, en las legislativas de 1986, en que un presidente socialista, François Mitterrand, debía convivir con un primer ministro de derecha como Jacques Chirac, el FN, con 2'703,442 votos y 9.65% del electorado, se quedó con treinta y cinco asientos en el parlamento. Apenas unas centésimas por debajo del poderoso Parti Communiste Français.

Los años 90 fueron para la extrema derecha francesa tiempos de amores y odios, alianzas y desuniones. Dirigentes y militantes de pequeñas organizaciones, como el grupo neonazi FANE, Fédération d'Action Nationaliste et Européе, que proponía la restauración del nazismo en Francia, fueron ilegalizadas bajo cargos de prácticas violentas y racismo, y debieron buscar nuevos horizontes en el seno de otros partidos de ultraderecha o bajo el techo del ya destacado Frente Nacional.

La propia derecha tradicional, liderada por Chirac, conformó alianzas circunstanciales con el partido de Le Pen.

Pero la década de los 90 no fue una etapa favorable para quienes divergían ideológicamente del neoliberalismo hegemónico. Los espacios políticos para disentir con el "discurso único" se habían estrechado notablemente.

El nuevo siglo, en cambio, llegó con otros vientos.

La religión privatista y libremercadista comenzó a mostrar a sus propios demonios, y a su conjuro llegaron las primeras tragedias. Del otro lado del mar, Argentina fue entonces el símbolo del horror. Declaró la cesación de pagos de su descomunal deuda externa y hundió a 60% de su población en la miseria. Así, uno de los países más avanzados de América Latina había entrado en un marasmo inimaginable y de consecuencias impredecibles.

Paradójicamente (o no), entraba en un proceso de disolución social justamente el alumno más aplicado del Fondo Monetario Internacional, y el país que más a rajatabla había respetado las hasta entonces irrecusables recetas neoliberales.

No tan atrás en el tiempo quedaba la crisis del sudeste asiático, y el derrumbe argentino probó que aquélla no había sucedido como consecuencia de errores en la aplicación de las políticas neoliberales, como se dijo, sino, por el contrario, era el cabal producto de esas políticas.

Para los europeos, la debacle argentina y el crujir de toda la región fueron un poderoso llamado de atención y un preanuncio del tembladeral que podía llegar a cruzar el Atlántico.

La ultraderecha se hace visible

Para las elecciones presidenciales que debían realizarse el 21 de abril de 2002, había, *a priori*, dos protagonistas excluyentes: Jacques Chirac, en representación de la derecha tradicional, que iba por su reelección, y Lionel Jospin, por el socialdemócrata Partido Socialista, que había sido el primer ministro de Chirac y pretendía arrebatarle la presidencia.

La situación económica en Francia era relativamente próspera, pero Jospin cargaba sobre sus espaldas dos "pecados" que habrían de resultarle ilevantables.

Pese a su prédica socialista, había sido el responsables del profundo proceso de privatizaciones de empresas públicas llevado a cabo en el país y se había mostrado incapaz de contener el aumento de la criminalidad, producto de un proceso de marginación que avanzaba en los subsuelos de la sociedad. Además, ambos candidatos debían competir contra otros catorce postulantes, entre ellos, Jean-Marie Le Pen.

El menú para el Frente Nacional estaba servido.

Por entonces no existía aún una crisis económica, pero para la ultraderecha francesa era fácil ligar el aumento de inmigración con la criminalidad creciente y el proceso privatista con la entrega del patrimonio nacional y el avance de la extranjerización de la economía.

Además, como suele ocurrir con frecuencia en la vida política de los pueblos, la izquierda radical, sin pretenderlo, llevó a cabo una prédica que se volvió funcional a la derecha más cerril.

Lo cierto es que, el día siguiente a la votación, los franceses se desayunaron con una noticia sorprendente: el Rassemblement pour la République (Reagrupamiento por la República) de Jacques Chirac había obtenido 19.88% de los votos, seguido por el FN, de Jean-Marie Le Pen, con 16.86 por ciento.

El Partido Socialista de Lionel Jospin se había quedado fuera del balotaje por menos de doscientos mil sufragios.

Los más de cuatro millones ochocientos mil votos logrados por el FN, más la dispersión que produjo semejante cantidad de candidatos, dejaron fuera de la carrera a una de las dos principales fuerzas políticas del país galo.

En la segunda vuelta, Jacques Chirac arrolló a Le Pen (82.21% a 17.79%), apoyándose en una consigna que, lejos de toda corrección política, daba cuenta del terror que había producido la primera vuelta electoral en los partidos políticos tradicionales: "Vota a un delincuente, no a un fascista", era el asombroso mensaje elegido por los conservadores franceses.

Con todo, más de cinco millones quinientos mil ciudadanos habían elegido a un neonazi para que condujera los destinos de Francia.

Astilla del mismo palo

En febrero del año 2008, el Tribunal Correccional de París condenó a Jean-Marie Le Pen a tres meses de prisión condicional y a una multa de diez mil euros por apología de los crímenes de guerra y por su prédica negacionista del Holocausto.

Pero, para entonces, el rudo paracaidista de los tiempos colonialistas de Francia ya había cumplido ochenta años y deseaba pasar sus últimos días en su castillo de Montretout, el que había pertenecido a Madame de Pompadour y el mismo que le dejara como herencia Humbert Lambert, un ultramillonario, partidario del joven neonazi, en 1977, junto a treinta millones de francos (cinco millones de euros).

Por ello, pocos se asombraron cuando, el 11 de septiembre de ese año, Le Pen le anunció a la revista *Valeurs Actuelles* que abandonaría definitivamente la política.

El octogenario, sin embargo, no había perdido ni un ápice de su reconocido olfato político y calibró que, a caballo de una crisis económica que amenazaba quedarse por mucho tiempo, se abrirían tiempos prometedores para su partido. Él ya no tenía las fuerzas necesarias para aprovecharlos, pero contaba con una heredera que sí podría hacerlo.

Marion Anne Perrine Le Pen es la hija menor del patriarca ultraderechista. Abogada como su padre y militante política desde los tiempos de estudiante universitaria, "Marine" renunció a su verdadera vocación, la fotografía, para seguir los pasos de su progenitor, con el que siempre mantuvo un vínculo especial y diferente al de sus otras dos hermanas.

En 2008, Jean-Marie Le Pen abandonó la política pública activa, pero no fue hasta 2011 en que dejó el cargo de presidente del FN. En enero de ese año, con 67.5% de apoyo en las elecciones internas, Marine reemplazó a su padre en la conducción del partido, aunque no era difícil percibir la mano del viejo patriarca en las decisiones políticas de la agrupación de ultraderecha.

Acudiendo a cierto maquillaje estético, del tenor de PxC en España (el FN expulsó a Alexandre Gabriac por haber aparecido en una foto haciendo el saludo nazi), la organización continúa reivindicando la misma línea política que implantó su fundador.

Hoy el Frente Nacional propone abandonar el euro y regresar al franco francés en una relación uno a uno, implantar la pena de muerte, ejercer un fuerte control sobre las fronteras para disuadir a la inmigración, apartarse de organismos internacionales como la OTAN, el FMI, el Banco Mundial, la OCM y el mismísimo Banco Europeo.

Pero con Marine Le Pen en la presidencia, el Front National ha dado un nuevo y audaz paso en su política discriminatoria. Propone un régimen de ciudadanía por puntos, algo así como el *scoring* en el carnet de conducir. La buena o mala conducta iría produciendo una escala en la calidad de cada ciudadano. Se crearía, entonces, una suerte de sociedad de castas, con mejores y mayores derechos para unos y para otros.

En una entrevista concedida a *Paris Match* en julio de 2010, Marine Le Pen, con algunas piruetas verbales, explicó de qué se trata su "*scoring* ciudadano":

"Pondrá en marcha una política disuasiva de la inmigración, es decir, que les lanzaría una señal muy clara a los extranjeros. Ya no tenemos medios para encargarnos de ellos en la educación, los cuidados sanitarios, el subsidio familiar […] Cambiaría el código de la nacionalidad para suprimir el derecho de suelo. La nacionalidad francesa se hereda o se merece. Aplicaría también las leyes en materia de la derogación de la nacionalidad...".

Sin embargo, a diferencia de lo que ocurría muchos años atrás, cuando Jean-Marie Le Pen conducía el partido, hoy, la sociedad francesa ya no mira con tanto recelo al FN, y la militancia de izquierda no se muestra dispuesta a apoyar a un partido de derecha en caso de que, como ocurrió en 2002, exista un balotaje entre la derecha tradicional y la ultraderecha. En aquella oportunidad lo hizo. Hoy ya no.

Dice Miguel Salvatierra, corresponsal en Madrid de *Diario Vasco*:

"En la pequeña circunscripción de Villeneuve-sur-Lot, la derecha de la UMP [Union pour un Mouvement Populaire] y la ultraderecha del FN se enfrentaban en la segunda vuelta para elegir al sustituto del que fuera su alcalde y dimitido ministro de Hacienda, Jérôme Cahuzac, tras descubrirse que poseía varias cuentas en Suiza. La izquierda volvió a pedir apoyo para el candidato conservador y evitar así el triunfo del FN. Volvió a conseguirse el objetivo, pero un estudio realizado por *Le Monde* reveló que en la segunda vuelta sólo uno de cuatro votantes de izquierda siguió la consigna de votar a la derecha. La mayoría prefirió abstenerse o votó en blanco".

Con Marine Le Pen al timón del FN, suavizando las formas, tratando siempre de lucir un "traje republicano" y con el viento a favor de una crisis económica que no cesa, el partido se ha instalado ya como una tercera fuerza indiscutible.

Escribe el corresponsal madrileño:

"La formación de ultraderecha ha dejado de asustar al ciudadano medio. Al menos, ésa es la principal conclusión del barómetro de imagen del FN edición 2013, realizado por TNS Sofres del 24 al 28 de enero. Cuarenta y siete por ciento de las personas preguntadas considera que el partido de Le Pen 'no representa un peligro para la democracia' (ocho puntos más que en 2012), frente al mismo porcentaje que opina lo contrario (seis puntos menos que en 2012). El ideario xenófobo y antieuropeo sigue ahí. Pero el rechazo cede".

No es difícil suponer que, si la dirigencia política tradicional se empeña en resolver la crisis económica por la vía del ajuste estructural, contrayendo gastos y haciendo crecer la recesión, el daño social irá en aumento y las posibilidades electorales del neonazismo serán cada vez más grandes.

El ideario que dio vida a una Europa unida, convertida en una única zona hermanada política y económicamente a partir del Estado de Bienestar, ha dejado de existir. Para muchos europeos la unidad continental ya no es una solución, sino un problema, por lo que el euroescepticismo, el proteccionismo y el regreso a una moneda nacional, tal cual proponen las ultraderechas, tienen cada vez mayor consenso entre los sufridos europeos.

Capítulo 6
AUSTRIACOS, RUMANOS Y HÚNGAROS

"Si la política no se construye sobre principios étnicos,
entonces la Humanidad ya no tiene futuro".

Jörg Haider

Austria es uno de los diez países más ricos del mundo, en términos de PIB por habitante. Es el tercero más opulento dentro de la Unión Europea, y en el año 2012 ostentaba la tasa más baja de desempleo de toda la eurozona: 4.3 por ciento.

El PIB *per capita* del país fue, en 2012, de 47,083 dólares por habitante, y se calcula que en 2013 alcanzará casi los cincuenta mil dólares. Su deuda externa ronda 74% del PIB y la tasa de inflación 2.2 por ciento.

Frente a la contundencia de estos datos resulta casi incomprensible que un partido de ultraderecha sea hoy la segunda fuerza política más poderosa del país, con posibilidades, incluso, de llegar a ser gobierno en las próximas elecciones. Sin embargo, cuando se afina la mirada, comienzan a emerger algunas respuestas.

Avanzando de a poco

El Partido de la Libertad o FPÖ (Freiheitliche Partei Österreichs), que de él se trata, tiene una larga historia que se remonta a los primeros años posteriores al fin de la Segunda Guerra Mundial. Por entonces, miles de reconocidos nazis que habían perdido el derecho a voto, empresarios que se habían enriquecido con la guerra vendiéndole al Estado y ultranacionalistas que seguían predicando la necesidad de crear una "gran Alemania" se unieron alrededor de la Asociación de Independientes (Verband der Unabhängigen), capitaneada por un antiguo miembro de la SS,

Anton Reinthaller, quien sería, a la postre, el primer presidente del Partido de la Libertad de Austria.

Reinthaller había militado junto a Hitler en el Partido Nacionalsocialista Alemán de los Trabajadores e, incluso, se había desempeñado en importantes cargos públicos.

En 1956, cuando se fundó el FPÖ, poco tiempo después de que la Asociación de Independientes se disolviera por conflictos internos, sólo dos fuerzas políticas en Austria estaban en condiciones de alcanzar los sufragios necesarios para llegar al gobierno: los democristianos y los socialdemócratas. Por tanto, el salto a la escena nacional de una opción política diferente de los dos partidos tradicionales (que en esencia proponían cosas parecidas) fue todo un acontecimiento. Muchos analistas de la época expresaron que la nueva organización podría convertirse en una tercera fuerza capaz de discutir seriamente en el terreno electoral. Pero no fue así.

A once años del fin de la guerra, la sociedad austriaca seguía teniendo frescos en la memoria no sólo los padecimientos sufridos en la etapa bélica, sino también los daños sociales que había producido el nazismo.

Sin embargo, con ese 5% o 6% de caudal electoral que el Partido de la Libertad obtenía en las sucesivas elecciones, le fue alcanzando como para mantenerse con vida, y ambos partidos tradicionales con frecuencia debieron entablar acuerdos con los neonazis para llegar al gobierno.

Conforme en cierta medida con ese rol de árbitro, el FPÖ llegó hasta 1986, año en el que, tras un acalorado congreso que debía elegir autoridades, un joven abogado (entonces de treinta y seis años de edad) se convirtió en el nuevo presidente del partido.

Hijo de un militante nazi de larguísima trayectoria, Jörg Haider poco tenía que ver con el moderado modo de conducción que hasta entonces había llevado adelante Norbert Steger, quien era, incluso, vicecanciller y ministro de Comercio en el gobernante partido socialdemócrata.

Racista, xenófobo y belicista, Haider era, al momento de realizarse el congreso, jefe del partido en Carintia, su provincia natal, y había dado muestras de su fuerte tinte neonazi.

La nueva conducción partidaria no sólo suponía un marcado giro a la ultraderecha, sino que hacía imposible que los socialdemócratas pudiesen conservar la alianza que entonces mantenían con el Partido de la Libertad. El canciller Franz Vranitzky debió, entonces, anunciar la ruptura. Los socialdemócratas perdieron la mayoría, y cayó el gobierno.

Jörg Haider entraba a la arena política nacional con toda la repercusión mediática que seguramente esperaba.

Hermann Tertsh, corresponsal del diario *El País*, en Berlín, informaba, el 16 de septiembre de 1986:

"Altos dirigentes socialistas ya habían afirmado que una cooperación en el Gobierno con Haider era imposible. Ideológicamente, este joven carintio arrastra un lastre nacionalsocialista, heredado de los fundadores de su partido, que hace prohibitiva para los socialistas esta cooperación".

El rotundo triunfo de Haider en el congreso de Innsbruck (57% a 39%) no había sido casual. El joven abogado había dedicado mucho tiempo a convencer a los delegados de que el partido marchaba hacia la extinción si se seguía conformando con ser el furgón de cola de socialdemócratas y democristianos (en las últimas elecciones habían obtenido un magro 4.9 por ciento).

El elegante hijo del zapatero

Haider estaba convencido de que sus potenciales votantes no eran de la clase media liberal, sino esa franja de obreros vieneses que habían comenzado a perder una parte de su tradicional estándar de vida.

Los obreros tenían miedo de la crisis y necesitaban de un discurso fuerte. Una vez más, la tierra se hacía propicia para la panacea ultraderechista.

Hijo de un zapatero que ya a los quince años era miembro del partido nazi, lo que lo convertía en uno de sus fundadores, Haider conocía perfectamente lo que era la vida (dura, con frecuencia) de los trabajadores austriacos y sabía entenderse con ellos.

Carismático, joven, elegante y atrevido, con un discurso fuertemente proteccionista y nacionalista, el nuevo jefe del FPÖ iba a tener la posibilidad de probar la efectividad de su línea política tres años más tarde, en las elecciones parlamentarias que se llevarían a cabo en tres provincias, cuyos electores conformaban la quinta parte del país de la población alemana. Tirol, Salzburgo y la natal Carintia fueron el primer desafío importante para Haider luego del congreso partidario de Innsbruck.

El 13 de marzo de 1989, tras el "superdomingo" electoral, Vivianne Schnitzer, la corresponsal del diario *El País* en Viena, informaba:

"Los cambios registrados en esta elecciones, con respecto a las de 1984, fueron: en Carintia, la socialdemocracia perdió 5.7%; el Partido Popular perdió 7.3% y el Partido Liberal de Haider ganó 13%. En Tirol, los conservadores perdieron 15%; los socialdemócratas perdieron 2.5% y el partido de Haider ganó 9.6%. Finalmente, en Salzburgo, los conservadores perdieron 6%, los socialistas perdieron 4% y los liberales ganaron 7.6 por ciento...".

Como comienzo del salto regional no estaba nada mal. El informe de Schnitzer continuaba:

"En círculos del Gobierno en Viena, por otro lado, se habla de un solo tema: cómo frenar la creciente y peligrosa popularidad del joven Jörg Haider, de treinta y nueve años, considerado como un extremista de derechas".

La preocupación tenía su razón de ser. El partido del joven ultraderechista había quebrado por primera vez en cuatro décadas las mayorías absolutas de los conservadores en Salzburgo y de los socialistas en Carintia.

Pero había más.

Ese mismo año de 1989, Haider fue electo gobernador de su provincia natal. Y sería reelecto en 1999. Por fin, murió en un accidente de automóvil en 2008, cuando un alto nivel de alcohol pareció jugarle una mala pasada.

La gran irrupción

El 3 de octubre de 1999 se celebraron las elecciones legislativas generales en Austria, y la extraña coalición entre conservadores y socialistas sellada en 1986, con el manifiesto objetivo de frenar el avance de la ultraderecha, comenzó a dar muestras de agotamiento ya desde comienzos de ese año. Haider, como siempre, arremetía contra la inmigración, contra la participación de Austria en la Unión Europea y contra las políticas neoliberales sostenidas por la coalición gobernante. Y acaso lo hacía con más entusiasmo que nunca.

Desde luego no era ésa la primera campaña electoral en la que el Partido de la Libertad alzaba tales consignas. Pero sí parecía evidente, desde hacía varios meses, que esta vez una porción considerable del electorado austriaco escuchaba con atención al desestructurado líder ultraderechista que gustaba vestir ropa deportiva y volar por las rutas de Viena con su porsche flamante. Parecía un buen espejo de superación para los obreros de su país.

Pocos lo sabían entonces, pero el último año del siglo XX marcaba el comienzo de un largo fin de ciclo que mostraría su peor rostro una década más tarde.

Ya por entonces, Jörg Haider había podido entrever que, pese a la confortable situación económica de que gozaban los austriacos, las capas más bajas de la población (y en particular la clase obrera) tenían la sensación de que, si continuaba aumentando la inmigración y si la competencia al interior de la Unidad Europea se volvía más intensa, miles de puestos de trabajo podían ser destruidos. Y sobre esa creciente preocupación, real o imaginaria en parte, decidió machacar en su campaña electoral el FPÖ.

El fantasma de un país "inundado de extranjeros" que agitaba la ultraderecha se sumó a las mejoras sociales que —decían— era posible llevar a cabo "si se termina con los inmigrantes" y "si se abandona la Unión Europea". El conjunto concitó la expectativa y la aprobación de la base de la pirámide social austriaca, fatigada por el discurso de "lo posible" que era propio de la coalición gobernante.

En la mañana del 4 de octubre, con los cómputos definitivos a la vista, hubo sorpresa y desconcierto en la mayoría de los dirigentes de los partidos tradicionales. Pero el 27.22% alcanzado por el Partido de la Libertad, contra 33.39% de los socialdemócratas y 26.9% de los conservadores, no era imprevisto. Al menos para los consultores de opinión.

Los líderes del conservador Partido del Pueblo Austriaco ya habían anunciado que, en caso de ser derrotados, abandonarían la coalición, advertidos del posible revés que les aguardaba.

A los socialistas, entretanto, les aguardaba un dilema de difícil resolución: o aceptaban como aliados en el Gobierno a los ultraderechistas, tragándose sus propios principios y enfrentándose a los más ácidos cuestionamientos que llegaban desde sus socios europeos, o convocaban a nuevas elecciones, con el riesgo, absolutamente cierto, de que el FPÖ, aumentase su caudal electoral.

Optaron por lo primero, y la ultraderecha se hizo con seis ministerios y la vicecancillería, que Haider declinó a favor de su mano derecha, Susanne Riess-Passer.

Pero más allá de los circunstanciales guarismos electorales, esa elección de 1999 habría de marcar la definitiva entrada de la ultraderecha a la arena política nacional de Austria, en calidad de protagonista importante.

El legado

Jörg Haider se mató el 11de octubre de 2008, cuando su auto despistó de la carretera marchando a 142 kilómetros por hora. Tenía cincuenta y ocho años de edad, era el gobernador de su provincia natal y no llegó a ver los resultados electorales de ese año.

En 2005, Haider había roto con el FPÖ y había fundado el partido Unión por el Futuro o BZÖ (Bündnis Zukunft Österreich). No supo entonces que su nueva organización había saltado de 4% a 11%, y que el FPÖ, de 11% a 18%, con lo cual, entre ambas, superaban tanto a los socialdemócratas como a los democristianos.

En el 2010, ya sin Haider como protagonista de la campaña, la ultraderecha volvió a descender en los guarismos, pero sin que esto fuese una buena noticia para socialistas y conservadores. La acompañó 18% de los votantes, lo que para muchos analistas significaba el nuevo piso que habían logrado los ultraderechistas. Y las apreciaciones parecen ser correctas, al menos si lo que pronostican los encuestadores para la contienda electoral de 2013 es exacto. Si fuera así, los neonazis austriacos se convertirían en la segunda fuerza política del país. Situación que, como ocurrió en 2002, podría llevarla nuevamente a ser parte del elenco gobernante.

Para quienes han tratado de comprender y explicar el manifiesto proceso de derechización del electorado europeo, Austria es sin dudas el fenómeno más difícil de abordar. Al menos si se trata de hacerlo a partir de la incidencia determinante del factor económico, ya que en este punto, la sociedad austriaca tendría escasos motivos para apoyar a una formación ultraderechista, como sí podría entenderse en Grecia o en España, por ejemplo.

Están los que piensan, en cambio, que el nuevo rumbo podría explicarse si se acepta que una parte de los europeos han dejado de confiar en los partidos tradicionales, a los que no les encuentran diferencias sustanciales ni alientan esperanzas de que puedan ser capaces de producir algo distinto de lo que ya han hecho.

Todavía, sin embargo, resulta prematuro arriesgar conclusiones definitivas. Pero los datos no alivian a los defensores de las reglas de convivencia democrática en paz y sin extremismos.

Rumania violenta

Noua Dreaptă (Nueva Derecha) apareció en Rumania en 2000 y es quizás la agrupación ultraderechista europea que más al pie de la letra ha seguido los principios que proclama. Uno de los más importantes es que la ND descree de la democracia representativa republicana como forma de gobierno, por lo que jamás se ha constituido como partido político ni participa en las elecciones. La agrupación es, tal cual la definen sus militantes, un movimiento.

Su líder es Tudor Ionescu, un joven abogado de treinta y cinco años, graduado en el Colegio de Abogados de Bucarest y, aunque parezca extraño, uno de los de mayor edad dentro de la conducción del grupo, que cuenta con dirigentes de apenas veintiún años.

El símbolo que identifica a Noua Dreaptă es una cruz céltica negra, con finos bordes blancos sobre un fondo verde. Una moderna adaptación de lo que fuera la insignia del mayor movimiento ultranacionalista búlgaro: Guardia de Hierro.

Particularmente violento, en especial con las minorías sexuales y religiosas (gays, lesbianas, bisexuales, transexuales, judíos, mormones, etc.), el grupo, que según la policía búlgara congrega a unos dos mil militantes, se define como ultracristiano ortodoxo y nacionalista; varios de sus miembros, además, son promonárquicos.

Al igual que otros movimientos neofascistas, se declaran anticapitalistas y anticomunistas, cultores de una "Tercera Posición". También, como sus movimientos hermanos, están en contra de la globalización, de la Unión Europea, de la OTAN y de todos los organismos de crédito internacionales.

Marcadamente racista, la organización se opone no sólo a la presencia de extranjeros en el país, sino a culturas foráneas, como, por ejemplo, la "cultura americana", en la que engloban tanto a Estados Unidos como a Latinoamérica.

Para ND, uno de los objetivos principales es lograr el restablecimiento de la Gran Rumania o el Reino de Rumania, aquel que se extendió desde 1881, presidido por Carol I, hasta 1947, con la abdicación de Miguel I.

Sin embargo, casi ninguna de las reivindicaciones que exigen ni los principios políticos que proclaman son de la cosecha del grupo. Noua Dreaptă es algo así como una versión desfasada en el tiempo y las circunstancias de Guardia de Hierro, la poderosa organización neofascista que fundó Cornelius Zelea Codreanu en 1927 y que existió hasta dos años después de terminada la Segunda Guerra Mundial.

Un movimiento con historia

Garda de Fier, en realidad, adoptó ese nombre recién en 1930, porque Codreanu había bautizado Legión del Arcángel Miguel a la organización fundada en el 28. "El Capitán", como lo llamaban sus seguidores, se proponía que Guardia de Hierro fuese el ala paramilitar de la Legión, pero el nombre terminó identificando a todo el armado político.

Lo cierto es que Guardia de Hierro no sólo fue un muy importante movimiento de masas, similar, si se quiere, a lo que fue el de Mussolini, sino que se destacó por una peculiaridad que lo distinguía del resto de los movimientos fascistas de la época. Codreanu era profundamente religioso y, en muchos sentidos, su organización pareció librar más una guerra santa que una revolución política.

Muchos de los fundamentos tanto políticos como económicos que postulaba Guardia de Hierro apuntaban a lo que, para su líder, era el objetivo principal de la lucha: recuperar espiritualmente al país.

Así, el nacionalismo extremo, la eliminación de la cultura burguesa (como por ejemplo la democracia representativa) o el combate a los modelos económicos tanto de capitalistas como de comunistas harían nacer al "Hombre Nuevo"; paradójicamente, una de las consignas de la Revolución Cubana.

Al igual que Guardia de Hierro (o la Legión del Arcángel Miguel), Noua Dreaptă les exige a sus militantes una rigurosa disciplina, más propia de un ejército en combate que de un movimiento político. Pero a diferencia de la agrupación creada por Condreanu, la Nueva Derecha rumana no tiene planeado participar en elecciones de ningún tipo, como sí lo hizo Guardia en 1930 y en 1932, en la que obtuvo seis escaños en el parlamento.

En un excelente libro, producto de su tesis doctoral, Francisco Veiga ha investigado lo que fue y lo que representó Guardia de Hierro, pero más que eso, pudo ligar toda aquella estructura de pensamiento con el presente, que es lo que en realidad nos ocupa.

Dice, en la introducción misma de la obra:

"Guardia de Hierro, así como ciertos movimientos ultranacionalistas de los años 30 en la Europa del Este no son ya fenómenos tan remotos. No se trata tanto de su reaparición inminente, como de la recuperación de ciertos símbolos y lenguajes, del relanzamiento político de la religión y la Iglesia, del caudillismo militar, del nacionalismo económico, de las viejas pasiones territoriales y los litigios étnicos. Incluso, aquellos 'apéndices populares' de los partidos comunistas en el poder se transforman y cobran nuevas facies".

Veiga publicó su trabajo en 1989, el mismo año de la caída del muro de Berlín, con "partidos comunistas en el poder", y basó su estudio básicamente en el fenómeno del fascismo en la Europa del Este. No imaginó (y si lo hizo, no lo dejó por escrito) lo predictivo de sus afirmaciones, pero no sólo para la Europa ex comunista.

Con renovados bríos

Hoy Noua Dreaptă es una versión posmoderna de la "Guardia", pero no casualmente comparte conceptos políticos, amores y odios con el resto de los partidos ultraderechistas del continente europeo, aun con aquellos que se presentan más moderados.

El antisemitismo cerril, por ejemplo, es difícil de entender si no se lo explica desde el nacimiento mismo de la ultraderecha. Izquierdistas y judíos fueron y son para los fascismos (también para el original rumano) la encarnación misma del mal.

Explica Veiga:

"A ojos de Condrenau y de los que pensaban como él, existía un nexo de unión entre ambos adversarios, que en realidad eran uno: las izquierdas habían sido la fuerza de choque, pero su retaguardia, el sustrato desde donde ésta era generada y sostenida, era el 'judaísmo internacional'. Tales teorías proliferaban a lo largo de los años 20 entre los círculos reaccionarios europeos [...] La teoría del 'complot judío' no tardó en contagiarse a los alemanes, que la utilizaron para explicar su derrota, pero también llegó a Estados Unidos, donde, entre otros, Henry Ford contribuyó activamente a su difusión [...] Siempre está el problema de que en cierta manera, aunque a unos niveles mucho menos intensos, o más soterrados, la cuestión se prolonga hasta nuestros días, implicando incluso a ciertos círculos del poder".

A partir de estos preceptos, según los cuales la identidad de la nación, tanto como su autonomía política y económica, quedaban comprometidas, Guardia de Hierro, antes, y Noua Dreaptă, ahora, optaron por asumir la obligación de combatir a "los enemigos de la patria" con la palabra y con las armas.

Entre sus principios fundamentales, ND proclama que es una organización fundada en el orden y la disciplina, y se autodefine como nacional, social y cristiana. Lucha por salvar al Estado rumano y la nación de los "artesanos de la extinción ordenada por la globalización". Además, se declara defensora del "carácter nacional soberano, independiente, unitario, e indivisible del Estado rumano". Por ello alienta a "combatir y erradicar todas las formas de regionalización, separatismo étnico o territorial".

Al igual que otros movimientos ultranacionalistas, Noua Dreaptă insta a "detener el declive demográfico que amenaza el futuro de la nación rumana y promover políticas para aumentar la tasa de la natalidad". También postula "eliminar el monopolio de la banca extranjera en el sector bancario rumano", tanto como la "liquidación de la deuda externa de Rumania y la liberación de la esclavitud del Fondo Monetario Internacional y el Banco Mundial". En paralelo, insta a recuperar la moneda nacional y a abandonar el euro, una moneda que, a juicio de la agrupación, no es de la gente ni tiene futuro.

En el terreno sociocultural, ND propone "la protección de la familia tradicional y la lucha contra las iniciativas encaminadas a la legalización de los matrimonios homosexuales y las adopciones".

Pide, también, "promover el distribucionismo económico como alternativa al capitalismo" y la formación de una nueva elite política que trabaje en la protección y promoción de los intereses nacionales.

Dicen, por fin, que el nuevo nacionalismo de derecha se basa en:

✦ La fe en Dios.

✦ El amor a la nación.

✦ La defensa irrestricta de la tradición.

En el lapso de trece años, y a pesar de contar con una estructura relativamente pequeña, aunque muy activa, la pujante Noua Dreaptă ha logrado instalar sedes y sumar seguidores en España, Moldavia e Italia. Su trabajo está dirigido fundamentalmente a atender las necesidades de los rumanos en dichos lugares, pero tampoco fuera de Rumania se priva de llevar a cabo sus marchas locales antigays, con sacerdotes, monjas y cruces incluidas, ni sus ataques a judíos, musulmanes y mormones.

Además, hace varios años que es miembro del Frente Nacional Europeo, que es una estructura continental que coordina a partidos fascistas, neonazis y ultraderechistas. Allí conviven, entre otros, Amanecer Dorado, el Partido Nacional Democrático de Alemania y Nueva Fuerza de Italia, liderada por Roberto Fiore, quien es, además, el Secretario General del Frente Nacional Europeo. La coordinada expansión de la ultraderecha en Europa es, por lo tanto, un hecho irrebatible.

La ultraderecha magyar

A diferencia de su vecino del oeste, Austria, Hungría debió hacer una profunda transformación en su estructura económica tras la desaparición del comunismo en Europa del Este.

Hacia 1990, un intenso proceso privatizador sepultó al modelo centralizado que el país mantuvo durante sus años bajo la órbita soviética. Una década más tarde, 80% de su PIB era aportado por el sector privado. Luego, su potencial ingreso como socio a la Unión Europea (Hungría lo hizo en 2004) obligó al país a reducir el déficit presupuestario. En 2006, éste era de 9%, hasta que llegó a 3.3% dos años más tarde.

Lógicamente, el proceso de transformación de la estructura económica hizo crecer el desempleo y la ola de inversiones extranjeras que trajo aparejada la política privatizadora empeoró la calidad de vida de los trabajadores. La búsqueda de eficiencia y rentabilidad por parte de los nuevos dueños de las empresas impulsó a la baja los salarios, y la reducción del déficit presupuestario atentó contra la calidad de servicios públicos como la salud y la educación.

Sobre ese escenario socioeconómico, en el año 2002, un grupo de estudiantes universitarios católicos fundó la Asociación de Jóvenes de Derechas (Jobboldali Ifjúsági Közösség), con el padrinazgo político de un hombre ciertamente respetado por la mayoría de los húngaros: Gergely Pongrátz.

Uno de los líderes que protagonizó lo que se conoció como la Revuelta de 1956, cuando un grupo de estudiantes universitarios se enfrentó con la policía y el Ejército húngaro, en oposición al régimen estalinista que los gobernaba. Pongrátz no carecía de prestigio.

La Asociación rápidamente cosechó apoyos entre viejos nacionalistas de su época, pero, para sorpresa de los propios fundadores, la agrupación despertó también un vivo interés en estudiantes, jóvenes profesionales y sectores de clase media acomodada.

El mayor atractivo que la Asociación de Jóvenes de Derechas tenía para estos sectores era una refinada moderación respecto de las posturas abiertamente neonazis del Partido Húngaro de la Justicia y la Vida (Magyar Igazság és Élet Pártja, MIÉP), histórico representante de la ultraderecha en el país.

Un año después de su función, y por imperio de la necesidad, la Asociación debió convertirse en partido político. Nació, entonces, el Movimiento por una Hungría Mejor, Jobbik, por su abreviatura en húngaro (Jobbik Magyarországét Mozgalom).

A diferencia del MIÉP, Jobbik proponía la participación electoral y la acción en la vida democrática del país, renunciando, al menos desde el discurso, al uso de la violencia como método de confrontación política.

Ultraconservadores, tradicionalistas, cristianos y nacionalistas, tal como se definían sus miembros frente a la sociedad, Jobbik tuvo su primer derrape ideológico cuando presentó en sociedad lo que se sería su emblema partidario: las barras de la Casa de Árpád, un símbolo ya utilizado por los fascistas de entreguerras.

Árpád fue la familia real fundada por el príncipe del mismo nombre, en 890, que unió a las tribus magyares y gobernó hasta el siglo XIII. Esta dinastía, profundamente ligada a la Iglesia Católica, le legó a ésta tres santos entre los reyes que encabezaron el linaje: San Ladislao, San Emérito y San Esteban.

Contra la Unión Europea y los gitanos

En 2004, año en el que se oficializó el ingreso de Hungría a la Unión Europea, Jobbik ganó una gran repercusión mediática, ya que fue el único partido que se opuso a la entrada del país a la Unión.

Seis años más tarde, y con apenas una década de existencia, el Movimiento por una Hungría Mejor se había convertido ya en la tercera fuerza política a nivel nacional.

Tras ocho años de gobiernos socialistas, en abril de 2010, FIDESZ o la Alianza de Jóvenes Demócratas, el partido de la derecha conservadora, obtuvo 52.7% de sufragios en las elecciones parlamentarias de ese año, los socialistas 19.3% y, para sorpresa de muchos, Jobbik se alzó con 16.74% de los votos.

En apenas cuatro años, los ultraderechistas habían aumentado su caudal electoral en más de 11 por ciento.

En un trabajo publicado en abril del 2010 por el Real Instituto Elcano (una fundación privada de raíz ideológica liberal) y firmado por Carme González Enríquez, la autora delinea una breve, pero precisa, semblanza de esta organización de ultraderecha:

"Desde septiembre de 2006, el número de organizaciones locales de Jobbik ha crecido hasta abarcar casi todo el territorio, con fuerza concentrada en las zonas menos beneficiadas por la globalización de la economía húngara, el este y el norte del país. Jobbik, además, por su carácter antisemita, es capaz de explotar el extendido sentimiento antigitano que, ya fuerte tradicionalmente, se ha hecho más intenso desde que la transición económica suprimió miles de puestos de trabajo de poca o nula calificación, dejando a muchos trabajadores gitanos en paro y aumentando con ello su carácter marginal. Los gitanos representan 7% de la población húngara (unas seiscientas mil personas), pero son mayoría entre los más pobres y entre los fracasados en la escuela, y el porcentaje de los delitos de que son responsables es muy superior a su peso en la población, como lo es en consecuencia su presencia en las cárceles".

Por fin, la autora hace un breve recuento del desempeño electoral de la organización:

"El primer resultado importante de la extensión de Jobbik fue su éxito en las elecciones europeas de 2009, en las que obtuvo tres escaños con 17% de los votos, en pleno ajuste económico del país. Un porcentaje idéntico ha sido el obtenido en estas elecciones parlamentarias húngaras, a sólo tres puntos de distancia del Partido Socialista".

Milicias armadas

El 25 de agosto de 2007, Gabor Vona, secretario general y líder indiscutido de Jobbik, presidió una ceremonia en la Plaza de los Héroes de Budapest, en la que cincuenta y seis milicianos, ataviados con traje de fajina negro, birrete y brazalete con los colores de la bandera de Hungría, se presentaban como los miembros de Guardia Húngara, una formación paramilitar que tenía por objetivo "la protección de la población", así como el rescate de las tradiciones nacionales y el cuidado de las tumbas de quienes se alzaron contra el régimen comunista húngaro en 1956.

El número de los milicianos que juraron defender con su vida cada uno de los objetivos propuestos tenía el valor simbólico de recordar aquella fecha, gloriosa para los nacionalistas del país.

Ante los requerimientos periodísticos, Vona se encargó de explicar que la nueva formación respondía a la necesidad del pueblo húngaro de contar con una estructura disciplinada y activa que estuviese lista para colaborar en la defensa nacional, si fuese necesario. También, los hombres de uniforme militar tenían como misión preparar física y espiritualmente a la juventud húngara.

La milicia, a imagen y semejanza de los "camisas pardas" (SS) de Hitler, se erigía en una suerte de guardia civil capaz de apoyar no sólo los ideales nacionalistas, sino también de amedrentar, perseguir y hasta golpear a judíos, inmigrantes y gitanos.

En 2012, la revista digital *Disidencia*, uno de los órganos periodísticos más activos del ultranacionalismo europeo, festejando el quinto aniversario del nacimiento de esa estructura paramilitar, decía:

"Durante los cinco años de activismo, la Guardia Húngara ha mejorado la seguridad pública en lugares como Tatárszentgyörgy, Nyírkátán, Vásárosnamény y Sarkad. La gente ha reconocido que ha influenciado para bajar el nivel de crimen gitano, nada mal para una organización que se ha puesto como objetivo restaurar el orden público y rescatar la cultura de su nación".

Lo cierto es que la celebración de *Disidencia* llegaba cuando la Guardia Húngara original ya no existía como tal. Había sido prohibida por el Tribunal Metropolitano de Budapest, quien además ordenó su disolución. Debió entonces reciclarse apenas con el nombre de La Nueva Guardia Húngara, y realizó pequeños cambios en los uniformes.

Es evidente que, más allá de la perseverancia que evidencian los ultraderechistas, las cosas por fuera no les van mal. El actual gobierno húngaro del partido FIDESZ no sólo es complaciente con los nacionalistas, sino que hasta los mira con simpatía. Viktor Orban, el líder del partido gobernante, comparte origen con los miembros de Jobbik.

En un trabajo para el órgano de esa comunidad, *Mundo Gitano*, Gustavo Veiga echa una somera mirada sobre la política que lleva adelante un partido que hoy se define como conservador de derecha, pero cuyos orígenes se remontan a un nacionalismo radical:

"Con casi tres años en el poder, Orban ha ido generando políticas cuestionadas por la Unión Europea. La principal fue la introducción de varias enmiendas a la Constitución, que ahora limita las atribuciones del Tribunal Constitucional, impide a los medios de comunicación privados emitir propaganda política durante las campañas electorales, mantiene la prohibición de vivir en la calle a las personas sin techo y obliga a los estudiantes universitarios becados en Hungría a trabajar en el país durante un tiempo, después de finalizar su carrera, o a devolver el importe de la beca, entre otras restricciones".

Dicho esto, el periodista le dedica también unas líneas a una organización ilegal que, sin embargo, sigue actuando y llevando a cabo campañas propagandísticas:

"La Guardia Húngara es la expresión más acabada de que las ideas del Führer se expresan sin pudor. Sus integrantes ponen en duda el Holocausto, hostigan con violencia a los judíos y desfilan por las calles enfundados en su uniforme negro. Ilegalizados, se las ingenian igual para realizar su entrenamiento militar en zonas rurales, hacerles la venia a sus superiores en público y tomar juramento con el movimiento. Están sospechados de atacar barriadas de gitanos a los tiros o con bombas incendiarias que provocan varias muertes".

La radiografía trazada por Gustavo Veiga no deja dudas en cuanto al cariz ni el futuro del movimiento:

"En Hungría, las expresiones racistas se naturalizaron al calor del poder. El Jobbik, con ese nombre que parece sacado de la zaga de *El señor de los anillos*, no salió de una película de ficción. Tampoco Orban, el primer ministro que con sus actos de gobierno consolida un nacionalismo cerril que es funcional al líder ultraderechista Gabor Vona. Los dos tienen varias cosas en común. Y parece que comparten la misma nostalgia por la liturgia del nazismo".

Muy lejos de casa

Pero más allá de la gestualidad, la indumentaria y la evidente complacencia del Gobierno para que actúe en su país, la Guardia Húngara extiende sus brazos muy lejos de las fronteras de

Hungría y mantiene lazos con sectores mucho más poderosos que el partido FIDESZ.

En abril del año 2009, la policía boliviana, que andaba tras los rastros de un comando neonazi financiado por la CIA, ingresó al hotel Las Américas, en Santa Cruz de la Sierra, y se tiroteó con los cinco hombres que allí se refugiaban. Mató a tres y encarceló a dos.

Entre los cadáveres estaba el del croata nacido en Bolivia Eduardo Rozsa Flores, quien había vivido durante varios años en Hungría, en donde recibió entrenamiento militar. En Croacia, donde fue a brindar sus servicios como mercenario durante la guerra, fue amparado por los neonazis de ese país y operó siempre bajo el mando de la CIA. También en Bolivia, donde tenía como objetivo desestabilizar al gobierno de Evo Morales.

Para sus actividades, Rozsa contaba con dos soportes tanto políticos como económicos, más allá del financiamiento de la Agencia estadounidense; uno era Laszo Braczi, un destacado miembro de la Guardia Húngara; el otro, Branko Marinkovic, un empresario de Santa Cruz de Sierra, hijo de un nazi croata que, según los fiscales bolivianos, había aportado doscientos mil dólares para sostener las actividades del grupo de Rosza.

A partir de aquel suceso en el hotel Las Américas, y siguiendo los hilos que pudieron descubrir al revisar la computadora del fallecido Eduardo Rosza Flores, los policías bolivianos están convencidos de que, al menos Guardia Húngara, ha tendido redes en los países de América Latina conducidos por Gobiernos de centro izquierda, a efectos de desestabilizarlos, siempre bajo las órdenes de la CIA.

También sospechan que los campos de entrenamiento militar con que cuenta el ala armada de Jobbik son utilizados por la Agencia estadounidense para adiestrar a mercenarios neofascistas de otros países de Europa.

Siendo así, las preocupaciones se redoblan y las fronteras pasan a ser un mero detalle.

Capítulo 7

ESCANDINAVOS Y FLAMENCOS

"No entendemos por qué los trabajadores finlandeses y los pequeños emprendedores deben sudar sangre para pagar las deudas de los jugadores y los mentirosos. Simplemente no es correcto".

Timo Soini

Finlandia es el sexto país más extenso de Europa, aunque con una densidad poblacional tan baja que lo convierte en el segundo menos poblado del continente europeo. Al igual que Austria, en muchos sentidos, la República de Finlandia (tal su denominación oficial) exhibe una economía altamente industrializada, y es uno de los poquísimos países a los que las calificadoras de riesgo premian con la mejor nota posible en cuanto a seguridad para los inversores: AAA.

En 1999, el país se incorporó a la zona euro (era socio de la Unión Europea desde 1995), y pese a la crisis que se desató en Europa a partir de 2008, Finlandia ha podido sostener el alto nivel de vida de sus habitantes, aunque el desempleo, que ronda 8%, sigue siendo la pata floja de la economía finlandesa. Con todo, en el año 2012, el PIB *per capita* del país era de más de treinta y ocho mil dólares y la inflación anual rondaba 3.4%. Su deuda externa no supera 50% de su PIB, pese a que el país ha requerido importantes inversiones extranjeras para financiar su crecimiento. Todo parece augurar buenos vientos para la democracia.

¿También aquí la ultraderecha?

Sin embargo, a pesar de este relativo bienestar de los finlandeses, y de una situación ciertamente estable de su economía, en las últimas elecciones parlamentarias celebradas en 2011, un partido de ultraderecha, los Verdaderos Finlandeses (Perussuomalaiset), obtuvo 19.05% de los sufragios, lo que le dio treinta y nueve gravitantes escaños en el Parlamento finés.

La *performance* de los ultraderechistas, que llenó de asombro a la mayoría de los analistas políticos europeos, tuvo un espesor muy particular si se considera que el partido conservador triunfante se alzó con 20.4% de los votos y los socialdemócratas que entraron en segundo lugar lo hicieron con 19.1%, a tan sólo cincuenta centésimas de los ultranacionalistas. Pero existen más datos que reflejan el actual panorama político de Finlandia.

En las elecciones parlamentarias anteriores, en 2007, los Verdaderos Finlandeses habían sido votados por tan sólo 4.05% de los sufragantes.

En 2012, el líder del partido, Timo Soini, se presentó como candidato a presidente, y si bien perdió casi 10% de los votos obtenidos por los Verdaderos Finlandeses en las parlamentarias, se alzó con 9.4% de los sufragios, mejorando en seis puntos porcentuales su anterior presentación en las presidenciales de 2006.

Se sabe, también, que en todo sistema parlamentario como es el finés, el verdadero timón del Gobierno está en manos del primer ministro y no del presidente, por lo que las elecciones legislativas suelen tener, para la población, una importancia quizás mayor que las presidenciales.

Verdaderos Finlandeses fue fundado en 1995 por Timo Soini, un sociólogo que comenzó su militancia política con apenas diecisiete años de edad en el Partido Rural Finlandés, una organización ultranacionalista de la que Soini llegó a ser su Secretario General hasta su disolución, precisamente en 1995.

Ultracatólico, carismático y euroescéptico, este hombre nacido en Rauma, uno de los puertos más antiguos de Finlandia, se opone tenazmente a la inmigración, al aborto y al matrimonio homosexual; también al bilingüismo que impera en Finlandia (se habla finés y sueco).

El periodista español Pedro G. Poyatos lo describió así en un artículo para el periódico *La Razón*:

"Devoto católico en un país mayoritariamente luterano, se muestra contrario al aborto y a que la Iglesia celebre matrimonios homosexuales. Sin el estigma neonazi de los Demócratas

Suecos, no puede ocultar la presencia de dirigentes xenófobos dentro del partido. En su incendiario blog describe a los extranjeros como criminales y a los solicitantes de asilo como 'bandas de violadores africanos' o 'parásitos del dinero de los contribuyentes'. Euroescéptico militante, reclama la salida de Finlandia del euro y del Protocolo de Kioto".

Bajo la batuta de Soini, los Verdaderos Finlandeses se definen como un partido socialconservador, defensor de las tradiciones, de la familia como núcleo central de la sociedad y de la moralidad pública.

Peras y manzanas

Como todo nacionalista que se precie, el partido Verdaderos Finlandeses se declara anticomunista, proteccionista y antiglobalización. Además, lleva adelante el agrarismo nórdico, retomando la vieja tradición del agrarismo del siglo XIX, cuando los campesinos nórdicos decían representar el "cuarto Estado" en los parlamentos nacionales, o sea, el proletariado en términos de Karl Marx. Sus partidarios se oponen a la liberalización económica y defienden los intereses de las pequeñas empresas.

Obviamente reniegan de los partidos tradicionales.

El crecimiento exponencial de los partidos de ultraderecha que se ha producido en Europa en los últimos años, en donde los Verdaderos Finlandeses son un clarísimo ejemplo, puede explicarse a partir de razones múltiples. Y entre ellas, no es menor la persistente incomprensión del fenómeno que exponen muchos líderes políticos y periodistas de casi toda Europa. Un pequeño ejemplo bastará para graficar.

En la revista *Letras Libres* que se edita tanto en México como en España, pero que responde ideológicamente al neoliberalismo hispano, uno de sus columnistas, el español Félix Romeo, describe con espanto el crecimiento de la ultraderecha en Europa, en especial, el de Verdaderos Finlandeses. Pero —y allí está el problema— suma peras con manzanas como si fueran la misma fruta, lo que naturalmente le impide un diagnóstico correcto.

Romeo escribe:

"Mientras bramábamos contra los populismos latinoamericanos (Venezuela, Bolivia, Argentina...), en Europa se preparan fórmulas análogas en muchos países. No es que no las viéramos, es que pensábamos que no pasarían de las manifestaciones folclóricas a los parlamentos y a los gobiernos. Nos equivocábamos".

Es simple equivocarse cuando se compara a partidos gobernantes, como el argentino, el venezolano o el boliviano, con Amanecer Dorado o Verdaderos Finlandeses.

Argentina fue el primer país de Latinoamérica que promulgó una ley de matrimonio homosexual, por iniciativa del Gobierno. Es además uno de los países que más inmigración recoge en el subcontinente, por iniciativa del propio "populismo" en el poder, y no hay racismo ni antisemitismo.

Tanto los partidos gobernantes de Venezuela como de Bolivia tienen relaciones ásperas con Estados Unidos. No por xenofobia, sino porque el gigante del norte de América ha planificado y apoyado cada golpe de Estado y cada dictadura que floreció en el subcontinente.

Los presidentes de los tres países a los que hace mención Romeo (y acaso omite a Brasil por pudor) han sido elegidos y reelectos en elecciones libres y democráticas, y en ningún caso obtuvieron el favor popular con consignas xenófobas, racistas, antisemitas, ni cosa que se le parezca; más bien todo lo contrario.

Romeo "bramaba" contra los "populismos latinoamericanos" no por sus políticas neofascistas, como ocurre en Europa, sino porque estos "populismos latinoamericanos" se negaron a la sujeción económica que exigen los neoconservadores y que llevó a Europa a una de las peores crisis del capitalismo. La lista podría seguir.

Malas caracterizaciones, peores resultados.

Para no caer en errores indeseados (dejemos de lado los aparentes y en verdad programados), vayamos al fenómeno escandinavo en sí.

Suecos lavándose la cara

En los años 80, en Estocolmo surgió una organización neonazi cuyo nombre era, en rigor de verdad, una consigna: Mantenga a Suecia Sueca. Bevara Sveringe Svenskt (BSS), conformada por mayoría de *skinheads* y viejos nazis nostálgicos, tenía la virtud, propagandísticamente hablando, de que en un país como Suecia, dominado por la socialdemocracia e históricamente ajeno a expresiones radicales, sus acciones repercutían inmediatamente en los medios.

BSS recogía casi textualmente todas las consignas que durante la Segunda Guerra Mundial había levantado el Nuevo Movimiento Sueco (Nysvenska Rörelsen) conducido por Per Enghahl, quien se consideraba a sí mismo como una suerte de Benito Mussolini sueco.

El Nuevo Movimiento Sueco, que se proclamaba corporativo, nacionalista, anticomunista y que practicaba la obediencia ciega a su líder, apoyó a la Alemania nazi durante la guerra, pero el espejo en el que se miraba era la Italia del Duce.

Sin el mismo marco histórico que el partido de Enghahl, BSS debió conformarse con organizar mítines en el centro de Estocolmo, hacer flamear banderas nazis, desatar trifulcas con quienes se les oponían e instigar a las mujeres a evitar relacionarse con negros, judíos y musulmanes.

Hacia finales de la década de los 80, BSS entró en descomposición. Tenían prensa, pero no votos ni adhesiones. Con los restos de ese movimiento, y líderes de otras organizaciones neofascistas, se formó, en 1988, Demócratas Suecos (Sverigedemokraterna, SD), que si bien en los primeros años continuó con el perfil ultraderechista de sus antecesores, fue advirtiendo que el accionar violento y antidemocrático los conduciría hacia el mismo callejón sin salida en que se habían estrellado los intentos políticos anteriores.

Así las cosas, cuando terminaba la década de los 90, Demócratas Suecos había elegido ya el rumbo de la "moderación". Los *skinheads* fueron perdiendo protagonismo, se silenció el discurso antisemita y se renegó de la violencia callejera.

Públicamente se proclamaban defensores de las tradiciones, "críticos con la inmigración", y esa inmigración con la que se consideraban "críticos" era básicamente la musulmana. Sus jóvenes líderes abandonaron el discurso altisonante y la indumentaria "casual", para explicar sus propuestas en tono evangélico, vestidos con trajes de corte impecable, corbatas al tono y anteojos de diseño.

¿Moderados o contenidos?

El giro a la moderación, al que de tanto en tanto se le caía la máscara con alguna declaración racista o trifulca callejera, resultó insoportable para el ala más radical del partido que, en 2001, decidió escindirse. Se formó así una nueva agrupación abiertamente neofascista que recibió el nombre de Demócratas Nacionales.

Cuatro años después de la escisión, el partido llevó a cabo las periódicas elecciones internas para elegir autoridades, y ocurrió lo sorpresivo: el presidente de Juventud Demócrata de Suecia (ala juvenil de la organización), Jimmie Akesson, derrotó al histórico líder Mikael Jansson y, con apenas veintiséis años de edad, se transformó en el nuevo presidente de Demócratas Suecos.

Akesson no era un improvisado. Había entrado a la Juventud Demócrata de Suecia en 1995, y tres años después obtenía un asiento como concejal en el Ayuntamiento de Sölvesborg. Desde 1997 ostentaba el cargo de miembro adjunto en la dirección nacional del partido.

Su figura, además, combinaba a la perfección con la nueva línea "moderada" adoptada por la organización, y en las parlamentarias de 2006, si bien quedaron lejos de lograr aunque sea una banca en el Parlamento, el aumento en la cantidad de votos obtenidos (2.93%) ya permitía vislumbrar que el rumbo elegido, de cara a la sociedad era el correcto.

Dos cuestiones habían quedado claras ese año para el partido de Akesson. Por un lado, la Alianza por Suecia, una coalición de centroderecha, había logrado derrotar por primera vez, en décadas, a los socialdemócratas, lo que confirmaba el giro ideológico que comenzaba a darse en la sociedad. La segunda cuestión fincaba en el evidente sentimiento de rechazo hacia la inmigración musulmana, que crecía no sólo en Suecia sino también en muchos países de Europa. El Islam era ahora, para Akesson y los suyos, "la mayor amenaza extranjera luego de la Segunda Guerra".

La descomposición social que se iba produciendo en Suecia, según proclamaban los Demócratas Suecos, se debía en primer lugar a los socialdemócratas y sus socios liberales, que habían permitido una inmigración masiva y tolerado y hasta alentado el feminismo; y en segundo término, al ingreso masivo de musulmanes al país.

El feminismo, a juicio de los hombres de Akesson, era el responsable de la caída en la tasa de natalidad, el masivo ingreso de las mujeres al mundo laboral y de la pérdida de valores tradicionales en cuanto a la familia y las elecciones sexuales.

A la forzada "moderación" que había elegido públicamente Demócratas Suecos, le costaba, con frecuencia, contener el neofascismo que procuraba ocultar.

El racismo comienza a rendir

El periodista Daniel Strand, en un trabajo dedicado a analizar el crecimiento del neofascismo en Suecia y refiriéndose a la impostada moderación de los dirigentes de Demócratas Suecos (que afirmaban que el partido no era racista y sólo pretendía una política migratoria más restrictiva), escribía:

"Las declaraciones que hacían con regularidad los miembros del partido contradecían esa afirmación. 'Durante miles de años, los negros se han podido relajar al sol, comer plátanos, violar a alguna mujer o niño que pasara, pelearse con otros negros y comérselos', escribió en su blog un miembro de Demócratas Suecos, Per Wahlberg, en septiembre de 2010".

Si eso no es racismo, ¿qué lo es? El Mister Hyde de los supuestos moderados se les colaba por cada ojal de las camisas. Y Daniel Strand continuaba enumerando:

"Unos meses más tarde, otro miembro del partido, Isak Nygren, dijo que se oponía a la 'mezcla de razas' y que los suecos no deberían tener relaciones con 'asiáticos' y 'negros' [...] otro político, Pär Norling, decía que los musulmanes practicantes deberían ser deportados y el Islam prohibido en Suecia. Y uno de sus parlamentarios, Stellan Bojerud, autor de un libro titulado *El nazismo en Suecia, 1924-1945*, afirmaba que investigaciones científicas demostraban que los inmigrantes tenían 'un coeficiente de inteligencia menor' que los suecos".

Nada de esto, sin embargo, pudo mellar la penetración que gradualmente iba logrado Demócratas Suecos en la consideración social. Sus prédicas basadas en soluciones sencillas para problemas complejos y la distancia que se empeñaban en marcar con los partidos tradicionales (incluso con los de derecha) fueron conquistando voluntades.

El 19 de septiembre de 2010, Suecia realizó sus elecciones parlamentarias, y los Demócratas Suecos saltaron la barrera de 4%, que es el mínimo estipulado para competir por las bancas. Considerados como "los verdaderos vencedores de los comicios" por el periódico *ABC*, de España, los Demócratas Suecos se alzaron con 5.3% y obtuvieron veinte escaños en el Riksdag, la asamblea legislativa del Reino de Suecia.

Pero el recorrido ascendente del partido que conduce el joven Jimmie Akesson parece no detenerse allí. En una Suecia gobernada por segundo mandato consecutivo por una coalición de centroderecha que ha desplazado del Gobierno a los socialdemócratas, ganadores electorales desde 1919, las encuestas siguen marcando un crecimiento de los ultraderechistas.

El diciembre de 2012, el diario español *El País* informaba:

"Las últimas encuestas del pasado noviembre les sitúa [a los Demócratas Suecos] entre el 7.9% del porcentaje de los votos –según un sondeo de la agencia sueca de estadística, SCB– y el 11% otorgado por el periódico socialdemócrata *Aftonbladet*, el más leído del país, una cifra que les convertiría en la tercera fuerza política a dos años de las próximas elecciones".

Pero Suecia no era ni es, desde luego, una excepción en la zona, según inmediatamente veremos.

Derechistas atípicos

En Dinamarca y en Noruega, los partidos ultraderechistas no sólo comparten un fuerte reconocimiento popular, sino que, a diferencia de los viejos movimientos nazis o fascistas que abundaron en Europa hasta casi mediados del siglo XX, hoy son dos mujeres las que lo lideran, y ya no se manifiestan antisemitas, sino que (crease o no) apoyan las políticas de Israel contra el mundo árabe.

Tampoco son anticapitalistas, lo que no significa que no rechacen agriamente las consecuencias que la globalización ha producido en los países nórdicos, como por ejemplo, a juicio de ambas damas, la "descontrolada" inmigración musulmana.

En Noruega, y electoralmente hablando, el Partido del Progreso (Framskrittspartier, FRP), que conduce la bella Siv Jensen (a la que volveremos), es la segunda fuerza política; posee un caudal electoral próximo a 23% y cuarenta y un escaños en el Parlamento.

En cambio, el Partido Popular Danés (Dansk Folkeparti, DF), liderado con mano de hierro por Pía Kjaersgaard, ronda 14% del electorado y retiene veinticinco asientos en el Parlamento de Dinamarca, lo que lo ubica como tercera fuerza política en su país. Ese tercer puesto no significa, desde luego, que sus opiniones sean pasadas por alto por el Gobierno danés. Es más: Dinamarca es el país nórdico que cuenta con la política inmigratoria más restrictiva y severa.

En mayo de 2011, el Gobierno liberalconservador danés, aliado de los ultraderechistas, hizo suya la propuesta del Partido Popular Danés y decidió poner en marcha controles aduaneros en sus fronteras intraeuropeas con Alemania y Suecia.

A los noruegos del Partido del Progreso, en tanto, les basta con su determinante cantidad de votos para obligar al Gobierno a tener que consensuar parte de la política con ellos.

Fundado en 1973 por el ultraderechista Anders Lange, el Partido del Progreso ha ido virando sus posturas hacia un conservadurismo rancio, no exento de un populismo de derecha radical.

Aunque el camino recorrido hasta 2006 no fue precisamente un lecho de rosas. Duros enfrentamientos internos, escisiones, expulsiones y derrumbe en el caudal electoral marcaron el costo de ir abandonando los postulados políticos de Lange.

Mujeres patriotas y racistas

En 2006, tras la renuncia de Carl Hagen, que había conducido al partido desde 1978, Siv Jansen fue elegida como sucesora. La bella economista, de treinta y siete años por entonces, aparecía como la más indicada para darle una nueva identidad a un partido que se debatía en fuertes contradicciones ideológicas.

Jansen, que ya en sus tiempos de estudiante había frecuentado los círculos conservadores y se declaraba una gran admiradora de Margaret Thatcher, acabó con la tradicional "Tercera Posición" de los fascismos y enarboló la bandera de la libertad de mercado más absoluta.

Sin embargo, a la hora de definir la posición del partido en el terreno de la política inmigratoria, la rubia de ojos celestes y verbo encendido se manifestó abiertamente opuesta a cualquier versión del multiculturalismo. Dijo que Noruega vivía una "islamización escondida" y reclamó una severa política restrictiva al respecto. En paralelo, defendió abiertamente el "derecho de Israel a defenderse", ante los criticados ataques a Palestina ordenados por el gobierno de Tel Aviv.

Pia Kjaersgaard y su partido, en cambio, son más tradicionales en cuanto al menú político que les ofrecen a los daneses. Comparten con los noruegos su furia hacia los musulmanes, pero la pureza y calidad de la raza los ocupa más que a los seguidores de Jansen.

Se declaran francamente nacionalistas, euroescépticos, proteccionistas, y en una combinación novedosa que nació en los primeros años del siglo XXI, socialpatriotas.

El socialpatriotismo, a juicio de los partidos ultraderechistas que se definen como tales, propone que todos los ciudadanos de una nación alcancen a comprender que no sólo viven en un mismo territorio, sino que son parte de entidad común que los aúna y los alinea detrás de los mismos objetivos. Esa entidad se denomina: patria.

Bajo esa mirada, tanto el dinero de los ricos como el trabajo de los pobres confluyen sin ambiciones individuales para garantizar el bien común. Así, los socialpatriotas imaginan una sociedad sin clases sociales o, mejor dicho, sin intereses de clase.

Mucho más al sur y en su página web, el Movimiento Vallecas Social Patriota de España, que dice soñar con el "patriotismo como forma de vida" y "con una España disciplinada, social y fuerte como antaño", explica el concepto profesado por la gente de Pia Kjaersgaard:

"El patriotismo social consiste, básicamente, en la cooperación mutua de los individuos para crear un país mejor. Un social patriota va intentar ayudar a un compatriota que esté en apuros en cualquier sentido. Normalmente, el socialpatriotismo es también racista, ignorando los problemas sociales o económicos que tenga alguien ajeno a su nación o pueblo".

Los términos son confusos, pero el racismo resalta con nitidez. Continúan los esclarecedores españoles:

"El socialpatriotismo suele surgir de los fascismos más pobres y proletarios, con el objetivo de unirse y colaborar mutuamente. Es por ello que no se suelen ver movimientos socialpatriotas numerosos".

Si se concuerda con que los movimientos socialpatriotas no suelen ser numerosos, debería concluirse, entonces, en que el Partido Popular Danés es una clara excepción al respecto.

Fundado en 1995 por un grupo de dirigentes que abandonaron el Partido del Progreso dinamarqués, pronto el PPD fue identificado como un albergue de neonazis. Se lo acusaba, con razón, de que dentro de sus filas se calzaban la máscara de legalidad miembros de organizaciones terroristas de extrema derecha como Combat-18 o Blood and Honour, ambas nacidas en Inglaterra, pero que rápidamente se extendieron a varios países de Europa.

Ya sin Kjaersgaard como presidenta (renunció en 2012 para ungir a uno de sus delfines), el Partido Popular Danés no difiere demasiado en sus objetivos de otros de su estirpe dentro de Europa.

En el año 2000, el PPD militó activamente en contra de que Dinamarca adoptara el euro como moneda y, en el referéndum al respecto, logró que 53.2% de los votantes acompañara su postura. Cabe aclarar que el Gobierno danés de entonces pretendía adoptar la moneda única.

Los flamencos giran hacia la derecha

En Bélgica, Vlaams Belang (Interés Flamenco) se fundó oficialmente en los últimos días del año 2004, aunque en rigor su verdadera partida de nacimiento se remonta al lejano 1978, cuando su nombre era Vlaams Blok (Bloque Flamenco).

El 14 de noviembre de ese año 2004, el Bloque debió disolverse, porque el Tribunal de Apelaciones de Gante lo condenó por xenofobia, homofobia y racismo. Entonces cambió parte de su nombre, pero mantuvo intacta toda su estructura, así como la gran mayoría de su dirigencia.

Cinco meses antes de la disolución-fundación, el Bloque Flamenco había conquistado en las elecciones municipales de Flandes 24.2% de los votos y en 2006, ya como Interés Flamenco, se alzó, en la ciudad de Amberes, con 33.51% de los votos.

El cambio de etiqueta le exigió también un cierto lavado de cara respecto de aquellas posturas ultranacionalistas flamencas. El Bloque exigía la constitución de Flandes como Estado independiente, antes que nada, pero también una cerrada oposición a que Turquía se constituyese en miembro de la Unión Europea.

Con su lema "Nuestro pueblo primero", el Bloque reclamaba que, si no se lo podía expulsar, se le exigiera a todo inmigrante que hablase perfectamente el neerlandés y que se adaptase a la "cultura y las costumbres flamencas". Dicho menos eufemísticamente, debían abandonar, entre otras cosas, su religión.

Producto de la condena del año 2004, y del "cordón sanitario" que acordaron tender el resto de los partidos belgas en torno de los ultraderechistas, Interés Flamenco se propuso, al menos públicamente, rebajar el nivel de xenofobia de sus padres fundadores, sin abandonar el independentismo y el conservadurismo nacionalista.

Hasta noviembre de 2007, el heredero (o avatar) del Bloque fue miembro, a nivel europeo, de Identidad, Tradición, Soberanía, una alianza de partidos que contaba con veinte diputados en el Parlamento Europeo.

La coalición la formaban el Partido de Libertad, de Austria; el Frente Nacional, de Francia; la Unión Nacional Ataque, de Bulgaria; la Alternativa Social y Llama Tricolor, de Italia; el Partido de la Gran Rumania; el Partido por la Independencia del Reino Unido y, por supuesto, Interés Flamenco, siendo éste último el que mayor porcentaje de votos concentraba (14.3 por ciento).

Cabe aclarar que esa coalición, con amplias expectativas de crecimiento, se disolvió luego de que Alessandra Mussolini tratara de criminales a los rumanos, tras el asesinato en Italia de una mujer a manos de un rumano. Los rumanos retiraron del bloque a sus cinco eurodiputados, y la coalición se quedó con menos de los veinte asientos exigidos por el Parlamento para ser reconocido como partido político.

Todos contra el extranjero

Si bien Interés Flamenco debió bajar el tono bélico antiinmigratorio de su discurso, su pensamiento difiere poco del antiguo Bloque. Sus intervenciones políticas hacen eje en el nivel de delincuencia que practican jóvenes y bandas de inmigrantes. Y aunque ya no piden la expulsión directa de hombres y mujeres de otras culturas, no comparten el multiculturalismo y sostienen que, como no todos los pueblos poseen igual nivel de formación, al menos se debe asimilar *manu militari* a los extranjeros a la cultura belga.

Desde marzo de 2008, Bruno Valkeniers es el nuevo presidente de Interés Flamenco. Acaudalado hombre de negocios, de aspecto elegante y palabra precisa, Valkeniers tenía por entonces cincuenta y dos años, y en una entrevista que le concedió al periódico *The Flemish Republic* sintetizó a la perfección en qué consistía la principal bandera de su partido:

"Como hombre de negocios sé de primera mano cómo Bélgica frustra el progreso económico de Flandes. También estoy consternado por la falta de democracia en Bélgica y por la forma en que las autoridades belgas socavan la identidad cultural y nacional de Flandes. Es mi firme creencia que un Flandes independiente puede y va a mejorar su rendimiento económico y social y llegar a ser uno de los puntos de referencia en el mundo. Quiero ayudar a cambiar el rumbo. Nuestra prioridad es la independencia de Flandes".

Un poco más adelante en la entrevista, el nuevo presidente de Interés Flamenco introducía su costado más xenófobo:

"Cada nación tiene derecho a la libertad y tiene derecho a la soberanía para decidir su propio futuro. Ésta es la única manera de asegurar que nuestros valores cristianos y humanitarios, nuestra lengua y nuestra cultura están salvaguardados en Flandes. Las personas que vienen a vivir entre nosotros deben adaptarse y aceptar nuestra forma de vida, no a la inversa".

Vemos entonces cómo, con diferencias (a veces, sutiles) propias de cada partido y de cada país, la Europa en crisis aúna cada vez más un discurso xenófobo, intolerante y ultranacionalista cuando menos; y neofascista y neonazi a menudo. Más a menudo de lo deseable.

Capítulo 8
UNA LISTA INTERMINABLE

> "La única cosa peor que un mentiroso
> es un mentiroso hipócrita."
> Tennessee Williams

Gran Bretaña (al igual que Estados Unidos) es uno de esos países en los que parece inimaginable que partidos nacionalistas, ultraderechistas o directamente neofascistas puedan tener alguna posibilidad de atraer votantes. Inglaterra puede votar conservadores, los Tories lo son, pero el nacionalismo populista nunca ha tenido espacio entre los británicos.

Sin embargo, esa tradición parece haber cambiado a lo largo de la primera década del siglo XXI.

La opción inesperada

La primera sorpresa, y no sólo para los ingleses, llegó de la mano del Partido de la Independencia del Reino Unido (United Kingdom Independence Party, UKIP) en el año 2004. De la mano de su líder, Nigel Farage, los nacionalistas euroescépticos obtuvieron 16.8% de los votos y pudieron sentar a doce diputados en el Parlamento Europeo.

Pero las sorpresas no terminarían allí, porque cinco años más tarde, también en las elecciones europeas, el Partido Nacional Británico (British National Party, BNP), con varios años más de vida que el UKIP y abiertamente neofascista, lograba por primera vez en su historia alzarse con dos escaños en el Parlamento de Europa.

Comandado por Nicholas (o Nick) Griffin, quien ocupó uno de los escaños, el BNP no sólo se enrola en la corriente de quienes en Europa niegan o minimizan el Holocausto, sino que alza

123

la bandera de la superioridad de la raza blanca y manifiesta en consecuencia una cerril xenofobia.

En 2009, poco antes de que se celebraran las elecciones europeas, los trabajadores de la refinería petrolera de Lincolnshire fueron a la huelga porque la empresa había priorizado contratar a trabajadores portugueses e italianos antes que a los ingleses. Con todo el apoyo del BNP, que pergeñó la consigna "Empleos británicos para trabajadores británicos", pronto los trabajadores de otras empresas se sumaron al reclamo.

El corresponsal en Boston del periódico español *La Vanguardia*, Rafael Ramos, escribía, en febrero de ese año:

"El Reino Unido, que plantó cara al nazismo y no ha dado juego político a la ultraderecha, teme que los miedos y penurias de las crisis económicas proporcionen un empujón al neofascismo y permitan un avance significativo del hasta ahora irrelevante British National Party (BNP) en las elecciones europeas de la primavera. La huelga xenófoba de la refinería de Lindsey, que recibió manifestaciones espontáneas de solidaridad en plantas energéticas de punta a punta del país, ha expuesto algunos de los posibles daños colaterales de la actual coyuntura, como el proteccionismo y la persecución del inmigrante".

Claro que el Partido Nacional Británico, con su xenofobia y racismo a cuestas, sigue siendo una organización con escasa representatividad en Inglaterra.

La frontalidad de su líder Nick Griffin hizo que, por sus incendiarias declaraciones, la Universidad de Cambridge intentara revocarle el título que le había concedido. Ello, sumado a que otros miembros del partido admiten celebrar cada años el cumpleaños de Hitler, transforman al BNP en una organización política con muy mala prensa, aunque en las zonas obreras más pobres de Gran Bretaña, los votantes no piensen lo mismo que los medios de comunicación y los políticos tradicionales.

Maquillados, pero no tanto

No es tal el caso del Partido de la Independencia del Reino Unido (United Kingdom Independence Party o UKIP). Nigel Farage, quien conduce la organización desde 2006, ha procurado darle al UKIP un rostro menos controversial. Niega con aparente convicción (aunque le cabe, según algunos, la frase de Tennessee Williams antes citada) que su partido sea racista y ancla la plataforma de éste en el euroescepticismo (propone que Gran Bretaña abandone la Unión Europea) y en el estricto control inmigratorio. También propugna una mayor integración económica con los países del Commonwealth.

Admiten, sí, enrolarse dentro del conservadurismo social, para el que las tradiciones, la moral y la religión son los pilares fundamentales de una sociedad. Se oponen al aborto, a la pornografía y a los matrimonios homosexuales.

Con ese tinte de conservador populista, el Partido de la Independencia del Reino Unido ha logrado ir sacándoles parte de la base a los Tories, desencantada con la política aperturista del gobierno de David Cameron.

El UKIP ya se ha convertido en el partido que lidera al bloque ultraderechista del Parlamento Europeo, gracias a que en 2009 fue la tercera fuerza más votada en las elecciones europeas.

Sin embargo, el avance del partido de Farage no se limita al crecimiento del número de eurodiputados. El 2 de mayo de 2013 se celebraron en Inglaterra comicios en treinta y cinco municipios. En los que se presentó, el UKIP capturó 25% de los votos, alzándose con un total de ciento cuarenta y siete concejales; nada menos que ciento treinta y nueve bancas más que las había obtenido en 2009.

Al día siguiente de las elecciones y desde Londres, Walter Oppenheimer escribía para *El País*, de España:

"El espectacular éxito del populista, antieuropeo y antiinmigración UKIP en las elecciones municipales inglesas del jueves ha sacudido la política británica y amenaza el proyecto centrista de David Cameron, que ya este viernes ha escuchado voces en el Partido Conservador reclamando un giro a la derecha. El líder del UKIP, Nigel Farage, ha proclamado eufórico que se trata de 'un cambio radical' en el país".

Más adelante, el corresponsal del periódico español agrega un párrafo decididamente esclarecedor desde el punto de vista político:

"La pobreza en concejales en comparación con el apoyo en las urnas es consecuencia del sistema electoral mayoritario, el mismo con el que se elige la Cámara de los Comunes. Esa dificultad del UKIP para traducir en escaños su apoyo popular ha hecho que hasta ahora fuera despreciado por los grandes partidos".

La realidad objetiva, empero, más allá del sistema electoral británico, es que los ultraderechistas británicos se han convertido en la tercera fuerza electoral del país por detrás de Conservadores y Laboristas. Con un dato adicional: los Tories en el gobierno perdieron en las municipales más de cuatrocientos concejales respecto de los que tenían.

Frente a la crisis económica que hoy envuelve a casi toda Europa, y de la que Inglaterra no es ajena, la pregunta que sobrevuela entre los analistas políticos británicos y el *establishment* económico es: ¿cuánto crecimiento más tendrán los neofascistas hasta el momento en que se deba elegir un nuevo primer ministro?

Adiós a la izquierda

Bulgaria es uno de los países que más padeció el tránsito desde el socialismo a una economía de mercado. Alta inflación, pérdida de los mayores mercados (el soviético) a los que destinaba sus exportaciones, obsolescencia de su estructura industrial, desempleo y altos niveles de pobreza configuraron el mapa por el que debieron transitar los búlgaros para ir de un sistema economicopolítico a otro.

Recién en 1996, Bulgaria comenzó a estabilizar y modernizar su economía. Once años después, el país ingresó a la Unión

Europea, aunque sin ser parte de la zona euro, algo que le ha permitido navegar la crisis que envuelve a casi toda Europa de un modo menos grave del que hubiese padecido si estuviese atada a la moneda común.

Con todo, Bulgaria es el país con más bajo PIB *per capita* de toda la Unión Europea. Sus catorce mil doscientos dólares anuales por habitante dicen que el país está casi 45% por debajo de la media. No es extraño entonces que 27% de los búlgaros esté por debajo de la línea de pobreza y, aunque padecen apenas 3% de inflación, los niveles de desempleo a mayo de 2012 eran de un 12.2 por ciento.

También es cierto que, si para Bulgaria fue arduo el tránsito desde el comunismo al neoliberalismo en el terreno económico, también lo fue en el político. Gobiernos inestables y que no eran revalidados luego en las urnas tras ganar una primera elección fueron una constante en el país. Y si bien el Partido Socialista Búlgaro tiene una larga tradición y experiencias en el gobierno, las preferencias sociales han girado a la derecha y de manera sorpresiva.

Bolsa de gatos (neofascistas)

En el 2006, Boyko Borisov, un ex luchador, guardaespaldas y policía, ex miembro además del Partido Comunista, fundó una nueva organización conservadora a la que denominó Ciudadanos por el Desarrollo Europeo de Bulgaria o GERB, por sus siglas en búlgaro.

Borisov había sido alcalde de Sofía, la capital del país, entre 2005 y 2009, pero en representación del Movimiento Nacional Simeón II (NDSV), un partido de centro derecha que el ex policía abandonó cuando percibió que aquél era incapaz de escapar a los ciclos políticos típicos de Bulgaria: ascenso espectacular y descenso penoso.

Fundó entonces el GERB, que se ubicaba mucho más a la derecha que el NDSV, y tres años más tarde ganó las elecciones parlamentarias, en 2009. Luego se alzó con las presidenciales, en 2011.

El partido de Borisov no sólo había conquistado el gobierno en apenas tres años de existencia, sino que en 2013 fue reelecto; algo totalmente anómalo en Bulgaria. La cantidad de legisladores no le alcanzó en ese momento para formar gobierno, pero los búlgaros lo habían escogido por segunda vez.

Un año antes de que el ex alcalde de Sofía fundara su conservador partido, Volen Siderov proclamaba el nacimiento de la Unión Nacional Ataque (Ataka), tan racista, xenófobo y ultranacionalista como el propio Siderov.

Nacido en 1956 en Yambol, al sureste de Bulgaria, este licenciado en Fotografía Aplicada llegó a la política a través del ejercicio del periodismo. En 1990, un año después de la caída del comunismo, fue ungido editor en jefe de *Democracia*, el periódico oficial de la Unión de Fuerzas Democráticas, un partido anticomunista y liberal. Luego pasó a encargarse de la edición de *Monitor*, un periódico ya claramente conservador nacionalista.

Finalmente, el hombre se convirtió en una suerte de estrella televisiva, conduciendo por el canal de cable SKAT un programa de entrevistas llamado, precisamente, *Ataque*.

En realidad, Ataka es una coalición que cobija en su seno a todo un nutrido grupo de pequeñas organizaciones neonazis, neofascistas, ultranacionalistas o social patriotas. Partidos con nombres tan significativos como Movimiento Nacional para la Salvación de la Madre Patria o Unión de Fuerzas Patrióticas y Militares de la Reserva-Defensa se apretujan en su interior. La coalición de Siderov reclama que la Iglesia Ortodoxa Búlgara sea considerada religión oficial y que se impartan sus enseñanzas a partir de la escuela primaria.

Defendiendo a rajatabla lo que consideran sus dos documentos fundacionales (*20 principios* y *Esquema programático*), la Unión Nacional Ataque exige que el Parlamento búlgaro sancione una ley que castigue severamente el delito de "traición a la patria", situación en la que estarían incursos la mayoría de los políticos de los partidos tradicionales, tanto como los integrantes de las asociaciones de defensa de los derechos humanos.

Anticomunista, anticapitalista, xenófobo, ultranacionalista y ultrarreligioso, paradójicamente Ataka ha engordado su lista de afiliados con ex militantes del Partido Socialista, y aun con ex comunistas, como el ahora ultraconservador Boyko Bosirov.

La coalición suele confundir a votantes y analistas políticos poco avisados. Reclaman la reestatización de las empresas públicas privatizadas y el aumento del gasto en salud y educación, por lo cual a menudo ha sido erróneamente caracterizada como una organización izquierdista.

Sin embargo, cuando se escucha a sus militantes alzar consignas antisemitas, islamófobas, homofóbicas, racistas y antiRoma, su condición de neofascistas queda rápidamente en evidencia.

Siderov resiste

Volen Siderov, entrenado en la palabra, suele definir a su organización simplemente como "búlgara", ni de derecha, ni de izquierda. Recurso discursivo que le ha permitido cosechar votantes a uno y otro costado.

Pero a poco que se observen los vínculos internacionales que ha tejido Ataka desde su fundación, su postura ultraderechista queda en evidencia: el Partido de Libertad de Austria y el Frente Nacional francés son algunos de sus aliados de fronteras afuera.

Al igual que sus colegas húngaros, la Unión Nacional Ataque proclama que la delincuencia en Bulgaria se debe, fundamentalmente, a los "bandidos y merodeadores gitanos", que deberían ser expulsados del país.

Electoralmente, su *performance* ha sido zigzagueante. En 2006, en las elecciones presidenciales, obtuvo 21.5% en la primera vuelta, lo que le permitió pasar al balotaje; y se alzó con 24.1% en la segunda.

En 2011, también para las elecciones presidenciales, aunque ya con el GERB en escena, la cosecha se derrumbó a un magro 3.7%, que lo confinó a la cuarta posición.

En las elecciones parlamentarias de 2005, 2009 y 2013, Ataka tuvo un desempeño relativamente parejo. Situado siempre en el cuarto lugar de las preferencias de los votantes, obtuvo 8.1%, 9.4% y 7.3% respectivamente.

Como suele ocurrirles a otros partidos ultraderechistas en el continente, en las elecciones para el Parlamento Europeo los resultados son mejores y más consistentes. Como cuarta fuerza política, Ataka se alzó con 14.2% (tres escaños), en 2007, y obtuvo 12% (dos escaños), en 2009.

Sin embargo, acaso el mejor aliado para la coalición que conduce Siderov sea el alto nivel de venalidad que exponen muchos de los políticos de los partidos mayoritarios.

En febrero de 2013, una ola de protestas populares contra la corrupción política que se extendió por toda Bulgaria provocó la caída del Gobierno de Borisov. Los reclamos también tenían que ver con el encarecimiento del precio de la energía eléctrica.

Silvia Blanco escribió al respecto para el periódico español *El País*:

"En ese panorama, Ataka revivió. Su líder, el antiguo periodista Volen Siderov, se las arregló para captar los principales mensajes de las protestas y apropiarse de ellos. Empezó a hablar de nacionalizar las empresas eléctricas [...] y de acabar con los monopolios 'ante el silencio del resto de los políticos'".

Nada de tulipanes

No hay flores en la vida personal de Geert Wilders. Y no se debe exclusivamente a que es desde 2004 (año en que lo creó) el líder del Partido por la Libertad de Holanda (Partij voor de Vrijheid o PVV), una organización ultraderechista que, según las circunstancias electorales, puede ser la tercera o la cuarta fuerza política del país.

Dormir cada noche en una casa distinta, viajar rodeado de guardaespaldas y en coches blindados o verse apenas una vez por semana con su esposa no son consecuencias de sus posturas euroescépticas o socialpatriotas. Sus dificultades para vivir como cualquier persona normal –sea o no político– se deben a la lucha que Wilders ha decidido librar contra el Islam.

Miembro de una familia de clase media católica, asentada en la pequeña ciudad de Venlo, casi en la frontera con Alemania,

Wilders decidió siendo sólo un adolescente que su vida no se desarrollaría en una bella aldea de los Países Bajos. Necesitaba conocer el mundo, y Australia era su primer objetivo.

No fue posible. Los dineros familiares no alcanzaban para costearle el viaje, y el muchacho optó por marchar a Israel para experimentar lo que era la vida en un *moshav*, esas cooperativas agrarias similares a un *kibutz*, que tanto interés despertaron entre los jóvenes de su generación.

Combinando su trabajo como cooperativista con la imperiosa necesidad de conocer y comprender otras culturas, Wilders, que ya se había separado de la Iglesia Católica, visitó varios de los países árabes de la región y, cuando por fin regresó a su patria, ya era un antiislamista convencido y furioso.

Sus primeros pasos en la política los dio en el Partido Popular por la Libertad y la Democracia, una organización liberal-conservadora conducida por Frits Bolkestein, a quien Wilders le escribía los discursos.

El vínculo y la militancia de ese joven en el partido que lo introdujo a la vida política concluyeron en 2004, cuando su irreductible posición de rechazo a que Turquía fuese admitida como miembro de la Unión Europea se dio de bruces contra la postura oficial de su agrupación, el Partido Popular por la Libertad y la Democracia.

Hitler, el Corán y el cine

El nacimiento del Partido por la Libertad de Holanda coincidió con los tiempos en los que su líder entabló una campaña en la que denunciaba la "islamización" de los Países Bajos, como producto de la permisiva política inmigratoria, que facilitaba que miles de musulmanes eligieran el país como destino.

También por esos años, Geert Wilders se dedicó a pregonar que el Corán podía compararse con *Mi lucha*, el libro de Adolf Hitler.

En esa línea, pidió que se prohibiera la construcción de nuevas mezquitas, habló de las "calles del terror", haciendo alusión a los actos delictivos perpetrados por los inmigrantes árabes en las ciudades holandesas, y viajó a Jerusalén para exponer sobre los peligros de una inminente y generalizada guerra santa.

Deliberadamente, y ante el asombro de los políticos de su país, incluso los sectores de derecha más conservadores y tradicionalistas, el joven líder del partido de ultraderecha se había convertido, sobre todo, en el mayor detractor del Islam y del Corán.

Pero el furioso antiislamismo de Wilders alcanzó la cumbre en 2008, cuando dio a conocer su película *Fitna*. En este mediometraje de unos diecisiete minutos, y a partir de ciertos versículos del Corán, el ideólogo procuraba demostrar que el libro sagrado alentaba a los fieles al crimen, al terrorismo, a la violencia de género y la demonización de la homosexualidad.

Sin la posibilidad de que su película fuese exhibida por alguna de las cadenas televisivas holandesas, el líder del Partido por la Libertad creó un sitio web, y allí subió su mediometraje, subtitulado en varios idiomas.

Conjuntamente con la lectura de algunos *suras* (capítulos) del Corán, que llamaban a desplegar una guerra santa contra los "infieles", *Fitna* mostraba el atentado a las Torres Gemelas, la bomba colocada en la terminal de Atocha, en Madrid, y el atentado en Londres.

A lo largo del filme se puede ver a distintos sacerdotes islámicos (*imanes*) arengando a sus seguidores a terminar con los "infieles"; incluso a uno desenvainando una espada con la que debería cortarle la cabeza a los "enemigos de Alá".

Fitna ("Acuerdo") proponía que los propios musulmanes debían ser los encargados de arrancar ciertas páginas del Corán, para que el libro sagrado quedase limpio de instigación a la violencia.

La reacción internacional en general, y la de la comunidad musulmana en particular, fue de severo repudio al filme de Wilders. Varias organizaciones musulmanas de distintos países llamaron a boicotear los productos holandeses y el propio Gobierno de Holanda condenó la singular película del dirigente ultraderechista.

El filme, que incluye la caricatura de Kurt Westergaard en la que se ve a Mahoma con una bomba en la cabeza en lugar de turbante, no llegó, sin embargo, a provocar conflictos internacionales, como podía haber ocurrido, y ello en virtud de la rápida reacción del Gobierno holandés repudiando el trabajo de Wilders y de que Irán, más allá de haber declarado públicamente su indignación, no fue más lejos que eso.

"Yo no soy fascista"

Para Geert Wilders, luego de su incursión en el cine, la vida ya no volvió a ser lo que era. Desde el estreno de *Fitna*, el líder ultraderechista ha sufrido al menos dos intentos de asesinato y está convencido de que los terroristas árabes en algún momento lograrán su objetivo.

"Estoy viviendo una situación que no le deseo ni a mi peor enemigo", le dijo en el año 2009 a *Fox News*. Al mismo tiempo que cuida sus espaldas físicamente, lo hace en el plano ideológico y procura evitar que su Partido por la Libertad sea identificado como neofascista. Pero su cerrada oposición al sistema político holandés le trae dolores de cabeza a la hora de explicar un modelo alternativo sostenido en el liberalismo.

Wilders propone, además, incluir en la constitución holandesa una cláusula en la que se recalque el predominio de las tradiciones cristiana y judía, por encima de cualquier otra. Además, el Partido por la Libertad reclama que los residentes extranjeros no tengan derecho a voto en los comicios municipales y que se implante en su país la prohibición de hablar cualquier otro idioma que no sea el holandés. "¿Yo fascista?".

En un sistema parlamentario como el que tienen los Países Bajos, 7% u 8% de apoyo electoral con el que cuenta el Partido por la Libertad, y sus alrededor de veinte legisladores propios en el Parlamento, le resultan suficientes como para convertirse en árbitro al cabo de cada votación.

Al concluir las elecciones del año 2010, cuando el partido de Wilders logró veinticuatro diputados (contra los nueve que tenía), Miguel Urbán Crespo, uno de los columnistas de la revista de izquierda *Viento Sur*, decía en uno de los párrafos de su minucioso análisis:

"... la ultraderecha en Holanda desempeñará un papel crucial en el nuevo Gobierno: la coalición que estaba formada por el Partido Liberal y el Democristiano gobernará en minoría con el apoyo de los diputados del PVV [Partido por la Libertad] en el Parlamento. De esta forma, la fortaleza del nuevo Gobierno de centro-derecha dependerá del peso de la ultraderecha de Geert Wilders, que hábilmente, no estará en el Gobierno, y se limitará a apoyar las iniciativas legislativas de un Gobierno en minoría, que dependerá de los caprichos de un xenófobo populista acusado ante los tribunales de discriminación e incitación al odio".

Esta posición arbitral que viene jugando el Partido por la Libertad no sólo le permite a Wilders condicionar al Gobierno, sino, como muy bien apunta el columnista de *Viento Sur*, le otorga una visibilidad política y mediática que favorece notablemente su prédica ideológica, nada tibia por cierto.

Bancos, chocolate y democracia

La Confederación Suiza, o Confederación Helvética, o directamente Suiza, es uno de los países más particulares de Europa. Está constituido por veintiséis cantones (estados); en ellos se hablan cuatro idiomas diferentes (alemán, francés, italiano y romanche). Y aunque la lengua predominante es el alemán, las cuatro son consideradas idiomas oficiales.

La capital política de Suiza es Berna, aunque el verdadero poder se lo reparten entre sus cuatro grandes centros financieros: Basilea, Zúrich, Ginebra y Lugano. La suma de los cuatro explica el 50% del PIB suizo que, claro, proviene de los negocios financieros. Se calcula que en los bancos helvéticos está depositado 30% del dinero del mundo.

Este país, que nació oficialmente como tal el 1 de agosto de 1291, es el séptimo país más rico del mundo, con un PIB anual *per capita* de 63,384 dólares.

Pero lo más llamativo que exhibe Suiza es su organización política; un modelo de "democracia directa" que tanto enorgullece a sus habitantes y que vale la pena describir someramente.

Si bien el país cuenta con los tres poderes clásicos del Estado, el Legislativo, el Ejecutivo y el Judicial, éstos tienen particularidades que los diferencian de los modelos tradicionales.

El Parlamento suizo se divide en dos Cámaras. Una es el Consejo de los Estados, con cuarenta y seis miembros (dos por cada cantón y uno por cada semicantón), elegidos por cada cantón con su propio sistema electoral. La otra cámara es el Consejo Nacional, integrada por doscientos parlamentarios que representan proporcionalmente la cantidad de población de cada estado.

Con excepción del modo en que se elige a los representantes, no habría aquí diferencias sustanciales con el clásico sistema de senadores (Consejo de los Estados) y diputados (Consejo Nacional).

La particularidad llega a la hora en que se pone en juego la autoridad de los consejos en la sanción de las leyes. En Suiza, cualquier ciudadano puede oponerse a que se promulgue determinada ley aprobada por el Parlamento, con sólo conseguir cincuenta mil firmas que rechacen la norma.

Cuando dicha situación ocurre, ambas Cámaras se juntan, constituyendo la Asamblea Federal, y se convoca a un referéndum en el que el total de la ciudadanía habilitada para votar debe expresarse en un sentido o en otro.

Sin embargo, la participación de la sociedad no termina allí.

Cuando los suizos hablan de "democracia directa" (que no es tal, porque está mediada por el Parlamento), se refieren particularmente a lo que se conoce como "iniciativa legislativa popular".

Una vez más, si un individuo logra reunir la cantidad de firmas suficientes puede presentar proyectos de leyes, modificaciones a las leyes vigentes o aun reformas a la Constitución Nacional, y la Asamblea Federal está obligada a debatir la iniciativa.

El Poder Judicial está en manos del Tribunal Supremo Federal y sus atribuciones no difieren demasiado de las que tiene cualquier Corte Suprema del mundo, con la particularidad de que sus miembros se renuevan cada seis años, elegidos por la Asamblea Federal.

En cambio, la gran singularidad del sistema de gobierno suizo radica, nada menos, que en el formato que le han dado al Poder Ejecutivo. Se lo denomina Consejo Federal y está conformado por siete miembros que representan a diferentes partidos políticos, según su caudal electoral. Son elegidos por la Asamblea Federal y tienen cuatro años de mandato. Uno de los miembros (electo también por la Asamblea) oficia de Jefe de Estado por el término de un año. El cargo, entonces, va rotando cada doce meses, pero no se le asignan atribuciones diferentes de las del resto de los integrantes. Es simplemente un *primus inter pares*.

Este particular modelo político elegido por los suizos ha permitido que, desde varias décadas atrás, un partido decididamente de ultraderecha conserve al menos un integrante en el elenco de Gobierno junto a socialdemócratas, liberales y democristianos.

"No" a toda unión

La Unión Democrática de Centro (UDC, siglas en italiano), popularmente conocido como Partido Popular Suizo, apareció en forma oficial en la vida política de la Confederación Helvética en 1971, aunque su historia es muchísimo más larga.

El 22 de septiembre de 1971, el legendario Partido de Paisanos, Artesanos y Burgueses (PAB), constituido en 1917 para defender los intereses de la patronal agraria y de los pequeños artesanos independientes, se fusionó con otras dos pequeña organizaciones cantonales dando origen a una agrupación política que, en lo esencial, mantendría en alto los principios fundantes de aquel partido agrario.

Conservador, tradicionalista, euroescéptico, nacionalista y anticomunista, la Unión Democrática de Centro, por entonces bajo la conducción de Toni Brunner, aparecía en la escena nacional suiza con el objetivo de convertirse en una alternativa nacionalista y populista para los votantes del legendario Partido Radical Democrático, una agrupación que representaba electoralmente a los liberales suizos, pero que, gradualmente, había ido convirtiéndose en un vocero de grandes empresarios y banqueros.

En 1971, la flamante UDC obtuvo 11.1% de apoyo electoral, sin más mérito que el de conservar la cosecha de su antecesor en 1967 (11%). Todavía, en aquellos años, el nacionalismo extremo conquistaba sólo a una pequeña franja de la sociedad.

Pero en 1992, con Christoph Blocher a la cabeza, la UDC, contra la postura de todo el resto de los partidos políticos, se opuso al ingreso de Suiza al Espacio Económico Europeo.

Blocher, un abogado conservador, ultranacionalista, vehemente y buen orador, aprovechó magníficamente el espacio de oposición en soledad que le entregó el resto del arco partidario, y valiéndose de la amplia repercusión mediática que tuvo la posición asumida por su partido, se ocupó de hacer conocer propuestas y el programa político de la UDC.

El referéndum para conocer la opinión de los suizos se celebró el 6 de diciembre de 1992 y tuvo altísima participación popular. Con 49.7% de votos a favor del "no", Suiza rechazó el ingreso a la agrupación paneuropea.

Tres años después del referéndum, la UDC llegó a 14.9% de los votos y, en 1999, se alzó con 22.5%, con cuarenta y cuatro consejeros nacionales y siete consejeros de Estado.

En 2011, los ultraderechistas sumaron 26.6% de las preferencias electorales, siendo ése el primer retroceso porcentual desde su fundación, ya que en 2007 habían cosechado 29.0 por ciento.

Lo indudable, sin embargo, y a pesar de que en política las consideraciones a largo plazo suelen ser una temeridad, es que la ultraderecha suiza ha encontrado un generoso lugar bajo el sol. Y mucho ha colaborado con la política de los nacionalistas la histórica neutralidad de Suiza, algo que los ciudadanos valoran especialmente.

Posturas que reivindica la UDC, como la oposición a ser parte de la OTAN, o de la Unión Europea, o de la ONU, suelen ser mayoritariamente compartidas por los ciudadanos que, de muchas maneras, las vinculan con esa tradicional neutralidad que distingue a Suiza, más que con un nacionalismo recalcitrante.

El trasfondo fascista

Dejando en claro esas masivas coincidencias, no pasa lo mismo con la xenofobia y la política antiinmigración que la agrupación de ultraderecha reclama. En este punto, la UDC es acompañada conscientemente por una parte de la sociedad, que teme que la tradicional política de puertas abiertas que ha desplegado históricamente Suiza suponga una pérdida en la calidad de vida de los ciudadanos y un riesgo para la estabilidad laboral.

La ultraderecha reclama, al compás de su creciente cosecha electoral, que se elimine la naturalización automática de los extranjeros de tercera generación y que se revea la política de asilo.

Como genuinos defensores de la tradición y las costumbres, UDC pregona que la mujer debe regresar a su tradicional rol de ama de casa y, para forzar ese papel, exige que se les quiten los subsidios por guardería a todas las familias que los cobran.

Con todo, la consigna que más satisfacciones le ha dado al partido fue su permanente campaña en contra de la inmigración, la que, sin embargo, en muchos casos lo puso al borde de la condena judicial.

En el año 2007, cuando intentaron por primera vez que por la vía de un referéndum se aprobara la deportación automática de cualquier extranjero que cometiera delitos (entre ellos el incumplimiento con el sistema de seguridad social), la campaña gráfica acudía a imágenes peligrosamente xenófobas.

En una de ellas se venía al mapa de Suiza ocupado por una manada de ovejas blancas, que expulsaban de una patada a una oveja negra. En otra, aparecía el mismo mapa picoteado por tres cuervos.

En 2013, UDC ha vuelto a recolectar firmas (y las obtuvo) para que en noviembre los suizos vuelvan a expedirse sobre la misma cuestión que, de aprobarse, violaría uno de los principios fundamentales del derecho internacional. Algo que, para los miembros de la UDC, tiene poca importancia.

Según el ultraderechista Walter Wobmann:

"En Suiza, el pueblo es soberano. Suiza no puede convertirse en una tierra de leche y miel para los delincuentes extranjeros".

Pero, más allá de campañas racistas y xenófobas, lo cierto es que la Unión Democrática de Centro ha logrado convertirse en uno de los partidos de ultraderecha más poderosos y con más caudal electoral de toda Europa.

Y seguimos sumando.

Un eslovaco de mano de hierro

El 2 de mayo de 2010, veinte días antes de que en Bratislava, la capital de Eslovaquia, se llevase a cabo por primera vez la Marcha del Orgullo Gay, Ján Slota, por entonces presidente del neofascista Partido Nacional Eslovaco, se plantó frente al cronista de la agencia estatal eslovaca TASR y, luego de informarle que esa marcha era "socialmente inaceptable", le comunicó que su partido, y él en persona, irían hasta el lugar en que se llevaría a cabo la manifestación para darles a sus integrantes "una respuesta apropiada".

Pero el hombre no se quedó en eso. Le explicó al cronista que pensaba "asistir personalmente para escupirles", ya que eran "elementos indeseables en nuestras calles" y "una inmundicia".

Sin embargo, luego dejó en claro que, pese a estos conceptos, él no tenía nada contra los homosexuales, "siempre que permanezcan escondidos, entregados a sus repugnantes orgías".

Cofundador del Partido Nacional Eslovaco (Slovenská Národná Strana, SNS), Slota llegó a la política de la mano de la agitación popular contra el Gobierno del Partido Comunista en Checoslovaquia, que generó las condiciones para la transición del comunismo al capitalismo. Cuatro años más tarde, la que se disolvería sería la propia Checoslovaquia.

Ultranacionalista, xenófobo y neofascista, el arrogante fundador del SNS se convirtió en alcalde de la ciudad de Zilina en 1990 y se mantuvo en el cargo hasta 2006, luego de atravesar tres elecciones.

Furiosamente antihúngaro y antigitano, Slota condujo a su partido con mano de hierro, lo que produjo escisiones y reencuentros hasta el año 2012, en que renunció a su cargo de presidente para quedarse con el simbólico rango de presidente honorario. Un año después fue expulsado de la agrupación ultraderechista que había fundado. Sus insultantes declaraciones contra los húngaros, por ejemplo, ya no le servían ni al propio SNS, que hacía meses que había comenzado a tejer lazos con los ultraderechistas de ese país.

No significaba, desde luego, que el Partido Nacional Eslovaco hubiese cambiado su postura respecto de Hungría, de la que sigue considerando que debe pertenecer a Eslovaquia. La salida de Slota estuvo, en verdad, directamente relacionada con los escándalos por corrupción que se le atribuían frecuentemente, más que con sus desaforadas declaraciones.

Extremistas orgullosos

Pero la historia política del SNS es tan controversial como la de su ex líder.

Con aceptables *performances* electorales desde el año de su fundación (siempre ganando escaños parlamentarios con excepción de 2002 y 2012), el partido llegó al Gobierno en 2006, formando alianza con el Partido Socialista Eslovaco y con el Movimiento por una Eslovaquia Democrática. O sea, la ultraderecha aparecía en coalición con socialdemócratas y nacionalistas moderados.

Esa alianza, desde luego, nunca tuvo una convivencia pacífica. Las violentas arremetidas de Slota no eran nada tolerables. Por ejemplo:

"Los húngaros son un cáncer en el cuerpo de la nación eslovaca. Sin demora, tenemos que eliminarlos del cuerpo de la nación".

Esa intolerancia, junto con aquellas arremetidas contra los militantes del Orgullo Gay, les costó a los aliados socialistas ser expulsados del Partido Socialista Europeo, por compartir el Gobierno con semejante socio.

A diferencia de otros partidos de ultraderecha en Europa, que buscan maquillar su imagen para obtener mejores réditos electorales, el SNS se enorgullece de su extremismo ideológico y monta campañas para demostrarlo.

A finales de los años 90, el partido comenzó a exigir una reparación histórica para la figura de Josef Tiso, el sacerdote católico que llegó a ser presidente de la República Eslovaca Independiente, aliada a la Alemania nazi, entre 1939 y 1945.

Tiso no sólo les permitió a los nazis alemanes utilizar su territorio para el ataque a Polonia, sino que puso a parte de su ejército al servicio de Hitler. El sacerdote tampoco defraudó al *Führer* en cuanto a su política interior. Persiguió y desapoderó de sus propiedades a los judíos. Les prohibió acceder a cualquier empleo público, a escuelas secundarias y a la universidad, a participar en cualquier tipo de evento cultural y deportivo, y, por fin, como en Alemania, los obligó a utilizar, en público, el brazalete con la Estrella de David. Toda una joya ahora reivindicada, como para no dejar lugar a dudas.

Pero no era todo. No conforme con todo lo ya hecho, en 1942 aquel sacerdote había ordenado que comenzaran las deportaciones de judíos de Eslovaquia.

Terminada la Segunda Guerra Mundial, Josef Tiso fue juzgado por una Corte Nacional bajo los cargos de traición interna y colaboración con el nazismo. Hallado culpable, murió ahorcado el 18 de abril de 1947.

En 2006, año en el que el Partido Nacional Eslovaco pasó a integrar el Gobierno como uno de los tres socios que conformaban la coalición, miembros del Grupo Socialista Europeo, escandalizados integrantes del Parlamento Europeo, instaron a Robert Fico, presidente de los socialistas eslovacos, a que deshicieran semejante alianza, considerada *contra natura* por el grupo europeo.

Nada dio resultado. Ni siquiera esa carta fechada el 4 de julio de 2006, donde el Grupo Socialista Europeo le decía al primer ministro Robert Fico:

"La composición de la coalición plantea muchas preocupaciones sobre el respeto de los derechos humanos, en particular los derechos de las minorías étnicas, así como los compromisos con la democracia".

Más adelante, el grupo europeo expresaba su asombro de que:

"... el partido xenófobo más extremo vaya a formar parte del próximo gobierno...".

Nada convenció a los socialdemócratas eslovacos, y la ultraderecha cogobierna con ellos desde entonces, habiendo ocupado, incluso, ministerios como el de Educación y Construcción y Desarrollo Regional.

Familias intolerantes

La deriva política de Liga de Familias Polacas es inversa a la que han experimentado la mayoría de los partidos de ultraderecha en Europa.

El partido se fundó en mayo de 2001, alrededor de un grupo de dirigentes a los que unían el ultracatolicismo, el nacionalismo, el anticomunismo y el socialconservadurismo. Se oponían a la Unión Europea, a la globalización y a la apertura comercial por parte de Polonia.

Conducido entonces por Witold Balazák, la Liga pronto se instaló en la escena política polaca con inusual energía. En las elecciones generales de ese año, el mismo de su fundación, el partido obtuvo 7.9% de los sufragios, ganando treinta y ocho escaños en la Cámara de Diputados y dos asientos en el Senado.

La *performance* electoral de los ultraderechistas católicos fue doblemente sorprendente, porque si ya el alzarse con casi 8% de los votos para una fuerza que apenas tenía unos meses de constituida era un logro importantísimo, la diferencia que lo separaba de la segunda fuerza electoral era de menos de cinco puntos.

En esas elecciones, la Alianza Democrática de la Izquierda se había quedado con 41% de los sufragios, separándose considerablemente del resto de los competidores.

Sin embargo, a nadie pareció sorprenderle demasiado los resultados obtenidos por la Liga de Familias Polacas, porque el tercer partido más votado fue Autodefensa de la República de Polonia, otra agrupación ultranacionalista, ultracatólica y euroescéptica, que alzaba como una de sus principales consignas el no pago de la deuda externa. Autodefensa obtuvo 10.2% de los votos. O sea que, entre ambos, conformaban cómodamente la segunda fuerza electoral del país.

Por esos años, la sociedad polaca aparecía polarizada, y la política se jugaba entre los socialistas moderados y la ultraderecha extrema.

Para el año 2005, cuando volvieron a celebrarse elecciones generales, la disputa entre ultraderechistas y socialistas se zanjó a favor de los primeros. La Alianza de Izquierda fue confinada al cuarto lugar, con 11.3% de los votos, en tanto que el podio lo ocupaba el conservador partido nacionalista Ley y Justicia, con 27% de los sufragios.

El dato importante, sin embargo, era que Autodefensa tenía 11.4% de los votos y la Liga conservaba 8%. Entre las tres fuerzas sumaban 45%, cuatro puntos más que los que habían conquistado los socialistas cuatro años antes.

De ese modo, y a menos de un lustro de su fundación, la Liga de Familias Polacas llegaba al gobierno como parte de una coalición y ocupaba dos ministerios, el de Pesca y el de Educación.

En 2007, cuando los polacos debieron volver a las urnas para elegir parlamentarios, el humor social había cambiado. Acaso los tres años transcurridos desde el ingreso del país a la Unión Europea habían funcionado como un baño de moderación para una sociedad vigorosa, vital, que solía jugar a los extremos.

Plataforma Cívica, un partido moderado de centro derecha, europeísta, liberal y democristiano, fundado apenas cuatro meses antes que la Liga y muchos años después que Autodefensa, obtuvo 41.5% de los votos, sacándole casi diez puntos de ventaja a Ley y Justicia.

En cambio, tanto la Liga de Familias Polacas como Autodefensa de la República de Polonia apenas superaron 1% de los votos, resignando, así, toda representación parlamentaria.

En Polonia, a la inversa de lo que había ocurrido en buena parte de Europa, la ultraderecha involucionó al punto en que ya no pudo volver a sentar dirigentes propios en el Parlamento.

Pero insistimos, es la excepción que confirma la lastimosa y extendida regla.

Conclusiones

"La democracia ha quitado estilo a la vida del pueblo. El Fascismo
se lo devuelve, al darle una línea de conducta, esto es, color, fuerza,
pintoresquismo, sorpresa y mística; todo aquello, en fin, que cuenta
en el alma de la multitud"
Benito Mussolini

El resurgimiento de la ultraderecha en Europa (cuando no directamente del descarnado fascismo o el nazismo más furioso) ha obligado a políticos y analistas a ensayar algunas explicaciones, respuestas que permitan comprender las razones por las cuales este fenómeno ha ido creciendo y derramándose hacia países en los que resultaba muy difícil imaginar este tipo de procesos cuatro o cinco décadas atrás. Esas explicaciones, esas respuestas, no han aparecido.

Peor aún. Declaraciones como las de Angela Merkel sosteniendo que "no podemos permitir el crecimiento de la ultraderecha en Europa" hablan más de voluntarismo que de ideas y respuestas claras al respecto.

Es innegable que, cuando aparecen crisis económicas profundas y prolongadas, como la que asuela a Europa desde el año 2007, la moderación política de las sociedades suele ser la primera víctima.

La pérdida del empleo, el descenso en la calidad de vida y un horizonte que no aparece nada diáfano colaboran sustantivamente para que la mirada de la población se dirija hacia quienes ofrecen soluciones sencillas y rápidas.

Pero es tan innegable como lo anterior que culpar a los votantes por buscar a quienes les ofrecen salidas a sus penurias también constituye una miopía política muy peligrosa.

Cuando la política tradicional receta una y otra vez la misma medicina, que en lugar de curar, agrava la situación del paciente, el enfermo deja de consumirla.

La historia enseña que los pueblos desesperados pueden marchar detrás de cualquier canto de sirena. Y hoy, en Europa, hay pueblos desesperados. España, por ejemplo, es uno de los países en los que, dentro de todo, menos ha arraigado el discurso ultraderechista (acaso porque aún el recuerdo de Francisco Franco sigue sobrevolando la memoria colectiva). Sin embargo, si los españoles siguen estrellándose contra la impotencia del PSOE y del PP, ¿cuánto tiempo pasará hasta que se alejen de los dos partidos al unísono?

Hay, empero, preguntas cada vez más graves y acuciantes.

¿Pueden hoy la política y los políticos elegir los caminos para superar la crisis económica?

¿Poseerían la decisión histórica para hacerlo?

¿Tienen autonomía o son simples mandatarios del suprapoder financiero?

La realidad y los actos de gobierno parecen comprobar que los márgenes de maniobra son tan estrechos que, con frecuencia, no superan lo gestual.

Si esto es, en efecto, así; si conservadores o liberales, si socialdemócratas o democristianos no son más que una máscara con la que se encubre el verdadero rostro del poder, será difícil cumplir con el desesperado pedido de Angela Merkel.

Cuando las potencias triunfantes en la Primera Guerra Mundial decidieron hundir al pueblo alemán en la indignidad y la miseria, y reconstituir sus propias economías a expensas del hambre y hasta la mendicidad de los derrotados, creyeron que eso era posible, a pesar de las voces que decían lo contrario.

El resultado es conocido: Tercer Reich y Segunda Guerra Mundial.

¿Cuánto tiempo le demandará a Amanecer Dorado, por ejemplo, encabezar una revuelta popular y hacerse con el poder en Grecia, si la población se sigue empobreciendo vertiginosamente?

La ultraderecha les ofrece hoy a los pueblos europeos una solución que seguramente luego pagarán con creces. Pero el desempleo, la delincuencia, la falta de futuro están ahora, ahí, como monstruos frente a los ojos de cada hombre y mujer que cada mañana debe salir de su casa.

Para los ciudadanos de varios países europeos, esa Comunidad que allá por los años 60 y 70 despertaba tantas esperanzas e ilusiones, se transformó en un gendarme despiadado que, desde Bruselas mata un sueño cada día.

No se trata, entonces, de preguntarse hasta dónde las sociedades europeas se han derechizado. La pregunta correcta sería: ¿hasta dónde pueden los actuales partidos políticos devolverles a sus pueblos un bocado de esperanzas; de ilusiones; de horizontes menos tormentosos que los que ahora tienen frente a los ojos?

No habrá ultraderecha viable si regresa, al menos en parte, el perdido Estado de Bienestar.

Nadie se enojará con los inmigrantes si abundan los puestos de trabajo bien remunerados.

No se les dará vuelta la cara a los partidos políticos tradicionales si se ocupan más de la calidad de vida de sus pueblos y menos de la renta de los financistas.

No habrá ultraderecha viable si se sepulta la idea de que los gobiernos que enderezan sus políticas a distribuir riquezas entre toda la sociedad son populistas.

En suma, no habrá ultraderecha viable si se gobierna pensando en los intereses de la sociedad toda.

No es difícil. Basta con que no falten trabajo, salarios dignos, educación y salud. Y para ello, el bienestar del ser humano debe volver a pesar más que el Sacro Imperio de las finanzas.

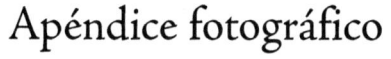

Apéndice fotográfico

LOS FRUTOS DEL RESENTIMIENTO

 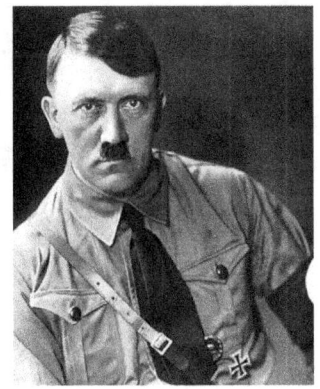

Izquierda: Anton Drexler (1884-1942), el obrero ferroviario que en 1919 fundó el Partido Alemán de los Trabajadores. Luego le cambió el nombre por el de Partido Nacional Socialista de los Trabajadores Alemanes. *Derecha*: Adolf Hitler (1889-1945), que coescribió los veinticinco puntos del Programa del Partido Nazi, luego relegó a Drexler a un papel meramente decorativo. *Abajo*: Diez años después (1930), aquel ambicioso cabo ya era un líder indiscutido de los nacionalistas.

Fotos: Archivos Federales de Alemania

El fascismo histórico

Benito Mussolini (1883-1945) fue primer ministro del Reino de Italia con atribuciones de dictador de 1922 a 1943. Tras ser depuesto, recibió
ayuda de la Alemania de Hitler y fue presidente
de la República Social Italiana desde 1943 hasta
finales de la guerra, cuando fue ejecutado.

Fotos: Archivos Federales de Alemania

Ioannis Metaxás (1871-1941), general y
político griego, estableció de 1936 a 1941 una
dictadura fascista en su país. En el centro, de
anteojos, preside un acto y es saludado con el
típico gesto de esa facción.

LA ERA DE LAS CAMISAS PARDAS

1940. Francisco Franco Bahamonde (1892-1975)
marcha junto a Hitler por el andén de la estación de
ferrocarril de Hendaya, poco antes de celebrar una
entrevista para reafirmar alianzas.

Fotos: Archivos Federales de Alemania

Hungría, 1944. Arresto de judíos en Budapest, tras
el golpe de los fascistas del Partido de la Cruz Fle-
chada, que contó con apoyo alemán. Tras la guerra,
muchos de sus líderes fueron ejecutados.

Grecia hoy: amanecer dorado

Con amenazante mirada, Nikolaos Georgiou Michaloliakos (n. 1957) camina entre sus seguidores, fanáticos
neonazis griegos. Creada en 1980, la organización
Amanecer Dorado ya tiene filiales en España, Australia, Estados Unidos, Alemania, Canadá e Italia.

Una manifestación en Atenas y una bandera partidaria que no da
lugar a dudas. El partido tiene un periódico que vende miles de
ejemplares por semana, una editorial propia y un crecimiento avala-
do por el derrumbe económico y la desesperación.

Alemania: una negra tradición

Udo Voigt (n. 1948) es politólogo y militar. Preside desde 1996 el Partido Nacional Democrático
de Alemania (NPD). Aquí en el célebre y sugeren-
te afiche de campaña de 2011: "¡Dale GAS!".

Foto: Rufus 46

El NPD no está solo. Jóvenes de distintas agrupaciones neonazis marchan con ropas negras, cascos
y cabezas rapadas. Sus gestos belicistas atemorizan
tanto como su crecimiento en las urnas.

En tierras del Duce

Giuseppe Umberto "Pino" Rauti
(1926-2012), el gravitante político
neofascista italiano que formó parte del
Movimiento Social Italiano (MSI), y luego creó una corriente interna, el Centro
Studi Ordine Nuovo (ON), fuerza
autónoma a partir de 1956.

Izquierda: afiche de Forza Nuova instando a los inmigrantes
a abandonar Italia. *Derecha*: la iconografía fascista, el rojo, el
negro, las cruces llenan hoy una Italia sin empleo ni fe.

"Somos muchos, somos como tú"

Arriba: afiche donde el ultraderechista Josep Anglada (n. 1959), que conduce Plataforma per Catalunya, hace gala de su discurso xenófobo e intolerante. *Abajo*: el líder barre la "parasitaria casta" de quienes son vistos como una "desleal" competencia del catalán.

Un futuro atemorizante

Arriba: caricatura del brasileño Carlos Latuff, que pretende mostrar qué tienen en realidad en la cabeza los integrantes de los grupos neonazis. *Abajo*: lo cierto es que esta tendencia prende cada vez más en los jóvenes europeos, que desde luego no conocieron las grandes guerras del fascismo y que se empeñan en soslayar las huellas históricas de una era de dolor y sangre.

Bibliografía

- Aguilar, Miguel Ángel; "El avión de Evo Morales", Madrid: diario *El País*, 2013.
- Blanco, Silvia; "Un partido xenófobo tiene la llave para formar gobierno en Bulgaria", Madrid: diario *El País*, 2013.
- Evola, Julius; *Más allá del fascismo*, Buenos Aires: Heracles, 2006.
- Fraenkel, Daniel; *El ascenso nazi al poder y la naturaleza de su régimen*, Jerusalén: Enciclopedia del Holocausto, Yad Vashem y E. D. Z Nativ Ediciones, 2004.
- Fürstenau, Marcel, y Evan Romero-Castillo; "Crímenes neonazis: más preguntas que respuestas", Bonn: Deutsche Welle, 2012. Versión *on line: www.dw.de*
- Gómez, Juan; "Mírenla, se cree una estrella", Madrid: diario *El País*, 2013.
- González Enríquez, Carmen; "Hungría: las elecciones de la crisis", Madrid: Fundación Real Instituto Elcano, 2010. Versión *on line: www.realinstitutoelcano.org*
- Grépinet, Mariana; "Marine Le Pen: 'Si yo fuera presidenta...'", París: Paris Match, 2010. Versión *on line: www.tribunadeeuropa.com*
- Hernández-Carr, Aitor; *La irrupción de la nueva extrema derecha en España. Un análisis de la trayectoria, estrategia política y base electoral de Plataforma per Catalunya*, Barcelona: Universidad Autónoma de Barcelona, 2012.
- Oppenheimer, Walter; "El auge electoral del populista UKIP amenaza el centrismo de Cameron", Madrid: diario *El País*, 2013.
- Paone, Mariángela; "La ultraderecha griega gana la calle", Madrid: diario *El País*, 2013.
  Paterson, Tony; "Al interior del partido nazi", Buenos Aires: diario *Página 12*, 2009.
- Poyatos, Pedro G.; "Timo Soini, una cara amable y un verbo xenófobo", Madrid: periódico *La Razón*, 2011.
- Primo de Rivera, José Antonio; *Escritos y discursos. Obra Completa (1922-1936)*, compilador: Agustín Río Cisneros, Madrid: Ediciones Instituto de Estudios Políticos, 1976.
- Ramos, Miguel; "La Europa que estigmatiza a las minorías", Madrid: periódico *Diagonal*, 2013.

- Ramos, Rafael; "La ultraderecha asoma en Gran Bretaña por los miedos de la crisis", Madrid: diario *La Vanguardia*, 2009. Versión *on line*: *www.lavanguardia.com*
- Reverte, Jorge M.; "La Europa de Semprún", Madrid: diario *El País*, 2013.
- Romeo, Félix; "Los verdaderos finlandeses y la Europa democrática", Madrid: revista *Letras Libres*, 2011.
- Romualdi, Adriano; "Introducción a Arthur de Gobineau. La desigualdad de las razas", 2007. Versión *on line*: *www.adrianoromualdi.blogia.com*
- Salvatierra, Miguel; "La seducción de Marine Le Pen gana terreno en Francia", San Sebastián: *Diario Vasco*, 2013.
- Schnitzer, Vivianne; "Gran avance de la extrema derecha en los comicios locales de Austria", Madrid: diario *El País*, 1989.
- Sin autor; "¿Qué es ser socialpatriota? – Social Patriotismo", Vallecas Social Patriota, 2013. En: *www.alertadigital.com*
- Sin autor; *Bruno Valkeniers es el nuevo presidente*, Flandes: The Flemish Republic, 2008. Versión *on line*: *www.flemishrepublic.org*
- Sin autor; "La Guardia Húngara cumple cinco años de lucha nacional", Revista Digital *Disidencia*, 2012. En: *www.elministerio.org*
- Sin autor; "PxC inicia su expansión fuera de Cataluña: Cada organización territorial mantendrá en las siglas el nombre de su comunidad autónoma para hacer frente a 'cualquier intento jacobinista o uniformador'", Madrid: Alerta Digital, 2012. En: *www.alertadigital.com*
- Sin autor; "Suecia: la ultraderecha 'sosegada'", Madrid: diario *El País*, 2012.
- Strand, Daniel; "El andamiaje del neofascismo sueco", Madrid: Vice Media, 2013. En: *www.vice.com.es*
- Tertsh, Hermann; "Los socialistas austriacos rompen la coalición de gobierno y convocan elecciones anticipadas", Madrid: diario *El País*, 1986.
- Urbán Crespo, Miguel; "Holanda. El 'espíritu' de Pyn Fortuyn vuelve a entrar en el gobierno holandés", Vizcaya: revista *Viento Sur*, 2010.

- Veiga, Francisco; *La mística del ultranacionalismo (Historia de la Guardia de Hierro). Rumania, 1919-1941*", Barcelona: Universidad Autónoma de Barcelona, 1989.

- Veiga, Gustavo; "La Guardia Húngara vuelve a atacar gitanos", Budapest: revista *Mundo Gitano*, 2013.

Índice

La Europa neonazi, de Doménico Mantuano,
fue impreso y terminado en octubre de 2013,
en Encuadernaciones Maguntis,
Iztapalapa, México, D. F. Teléfono: 5640 9062.

~

Realización editorial: Julio Acosta
(*julioacostaeditor@hotmail.com.ar*)
Corrección: Pablo Valle

www.ingramcontent.com/pod-product-compliance
Lightning Source LLC
Chambersburg PA
CBHW060511290526
45791CB00001B/360